新媒体视阈下
马克思主义大众传播研究

李 勃 ◎ 著

A STUDY OF MARXIST MASS
COMMUNICATION
FROM THE PERSPECTIVE
OF NEW MEDIA

中国社会科学出版社

图书在版编目（CIP）数据

新媒体视阈下马克思主义大众传播研究／李勃著 . —北京：中国社会科学
出版社，2018.8
　ISBN 978-7-5203-3041-1

　Ⅰ.①新…　Ⅱ.①李…　Ⅲ.①马克思主义-大众传播-研究-中国　Ⅳ.①D61

中国版本图书馆 CIP 数据核字（2018）第 193053 号

出 版 人	赵剑英
责任编辑	任　明
责任校对	夏慧萍
责任印制	李寡寡

出　　　版	中国社会科学出版社
社　　　址	北京鼓楼西大街甲 158 号
邮　　　编	100720
网　　　址	http：//www.csspw.cn
发 行 部	010-84083685
门 市 部	010-84029450
经　　　销	新华书店及其他书店

印刷装订	北京君升印刷有限公司
版　　　次	2018 年 8 月第 1 版
印　　　次	2018 年 8 月第 1 次印刷

开　　　本	710×1000　1/16
印　　　张	11.5
插　　　页	2
字　　　数	177 千字
定　　　价	80.00 元

中文摘要

    本书以当代蓬勃发展的信息传播平台新媒体为视域切入角度，借鉴美国学者拉斯维尔的传播学理论，系统地分析新媒体时代马克思主义大众传播的五维度要素，进而剖析当代马克思主义大众传播的机遇与挑战、问题及原因，谋求探索当代中国马克思主义大众传播的新媒体路径策略。

    马克思主义大众传播，在长久的历史发展中，在不同的国家和文化圈，形成了丰富而美丽的画卷。马克思本人就非常重视通过媒体宣传自身，拓展受众，并反观自省，完成自我修正，最终使马克思主义理论日臻成熟。从马克思开始，马克思主义传播就在不断探索自己的传播路径，变革传播方式，不断创新。在中国，马克思主义传播有近百年的历史，传播方式也在不断完备和系统。当代世界，以数字技术、光纤技术、网络技术等作为技术保障和物质基础的各种新媒体平台登上历史舞台，包括早期的MSN、QQ、网页，现代时兴的Facebook、Skype、微博、微信等，为马克思主义大众传播提供了新的空间。新媒体时代，马克思主义大众传播需要根据时代变迁做出新的发展。

    学界对新媒体时代马克思主义大众传播的相关研究建树颇多，无论是专著还是学术论文，数量可观，质量逐步提升。但是，这些研究普遍缺乏从哲学、社会学、历史学、心理学、传播学及信息技术角度进行多元分层研究，切入视角虽然精细，但是宏观把握往往不足。本书试图突出新媒体平台对马克思主义大众传播的整体性影响分析，融合哲学思辨、社会因素剖析、人际心理接受、信息传播学原理及规律认知、数字技术革命性发展等要素，从逻辑上进行系统的梳理研究。

    关于"新媒体"的内涵和外延，学界虽有不同定义，但仍可梳理出较具代表性的观点，其传播特性也越来越被学界认可。当代马克思主义大众传播，在其独立意义上，也具有本身的内涵和特征。新媒体下的马克思主义传播，在一定意义上改变了传统的马克思主义大众传播，给当代马克思主义大众传播带来了转型和变化，凸显了时代的特质和意义。

对新媒体时代马克思主义大众传播做整体分析，就要分步骤、分要素地进行系统研究。本书基于拉斯维尔的传播学理论，对传播主体、传播客体、传播内容、传播渠道和传播效果五维要素进行了逐项分析，构筑对新媒体马克思主义大众传播结构的概览和清晰认识。

任何事物的发展，必有其机遇和挑战，"发展"与"限制"共生共存，而所谓的"限制"，经过克服和整合，定会成为新的突破点和进阶。通过新媒体机遇和挑战这"一体两面"问题的探究，辩证地看待当下新媒体时代马克思主义大众传播的处境，既不能一味鼓吹，也不能只看到带来的问题。最为关键的是，找到困难和挑战转化为机遇的可能性和路径。从逻辑上讲，这种可能性和路径的寻找，正是本书最后提出相关策略的契机。本书进而继续讨论了新媒体视域下马克思主义大众传播存在的问题及原因。这里的问题不同于前文的挑战，挑战和问题是两个定义域，挑战具有需要克服并借之作为台阶而实现升华的意味，而问题存在一种需要被解决的指向，需要找出根本原因并予消灭和清除。挑战和问题，共同构成了从现状到策略的行文逻辑桥梁，也诠释了本书从逻辑上保持系统性、整体性分析的旨归。

而且在国际话语权争夺的激烈现状和意识形态角逐的状态下，不能忘了马克思主义大众传播的意识形态属性，必须树立阵地意识和竞争意识，既要合理吸收西方意识形态的长处，又要坚持原则，以我为主，以主导姿态推动新媒体马克思主义大众传播。因此，意识形态领域的概念，无论是信仰认同、主体选择、与西方差距，还是意识形态对抗，都应被引入并加以分析。西方新媒体所具有的开放性和自由度高的外部特性，往往掩盖了其内部意识形态斗争的痕迹，在以往的研究中，有学者会出现政治敏感度低的倾向，本书对意识形态在新媒体领域的斗争保持关注，并在各个环节有所体现。

策略问题，是本书的逻辑终点，也是现实中新媒体马克思主义大众传播最具实践意义所在。本书从内外两个角度着手，即从内部完善和改进传播主体、传播内容、传播渠道，从外部营造传播环境、影响传播客体、建构完备的监督审查机制等，谋求形成内因与外因、自律与他律双管齐下共同追求良好传播效果的局面，规划出我国当代新媒体马克思主义大众传播的通衢。

新媒体马克思主义大众传播作为紧随时代潮流的现象，无论是从新媒体的技术基础、运行模式、平台创新，还是从马克思主义理论大众传播不断面临的国际社会、中国特色，以及时代发展中人的心理及思维方式、话语方式等都在不断变革之中，这决定了其研究空间仍在不断拓展，问题域不断涌现，我将继续努力求索。

关键词：新媒体；马克思主义；大众传播

ABSTRCT

Based on the research perspective of the contemporary most booming information communication platform, that is, new media, drawing lessons from Lasswell, an American scholar's communication theory, this book intends to analyze systematically the five dimensions elements of Marxist mass communication on the era of new media, and then analyze the opportunities, challenges, problems and reasons of the contemporary Marxist mass communication, finally to explore the route strategy of new media about the contemporary Marxist mass communication.

Marxist mass communication, in the long history of development, in different countries and culture circles, formed a rich and beautiful picture. Marx, himself, attached great importance to propaganda his own, expand the audience, make a self-examination and self-correction, eventually, made Marxism theory more mature. Starting from Marx, the Marxist communication constantly explored its own communication route, changed the mode of communication, so as to make continuous innovation. In China, Marxist communication had a history of nearly hundred years, communication mode kept on complete and systematic. In the modern world, all kinds of new media platforms, with digital technology, optical fiber technology, network technology as a technical support and material basis, boarded the stage of history, including MSN, QQ, web pages on previous time, and modern popular Face book, Skype, twitter, WeChat, etc, providing a new space for Marxist mass communication. On the new media era, Marxist mass communication needed to make new development according to the time changing.

The related studies about Marxist mass communication on new media era done by academic circles were quite a lot, no matter books or academic articles, the quantity being considerable, meanwhile, the quality gradually improved. However, these studies seldom done multiple layered from philosophy, sociology, history, psychology, communication science and the perspective of information technology. Although the perspective cut elaborately, the grasp from the macro was often inadequate. This book tried to highlight the whole analysis of the impact from new media platform towards Marxist mass communication, and do a combing research systematically in logic, merging together such elements as Philosophical speculations, social factors analysis, interpersonal psychological acceptance, information communication principle and law cognition, and digital technology revolutionary development, etc.

As far as the connotation and extension of the new media concept concerned, although academic circles had different definitions, could still tease out the representative point of view, whose propagation characteristic had already been recognized by more and more scholars. The contemporary Marxist mass communication, in its independent sense, also had the connotation and characteristics of itself. The Marxist communication intervened by new media, to a certain extent, changed the traditional Marxist mass communication, and brought transformation and change to the contemporary Marxist mass communication, highlighting the characteristics and significance of the times.

In order to do a whole analysis into Marxist mass communication on a new media era, it ought to make a systematic research by steps and by elements. Based on the Lasswell's communication theory, this book would analyze item by item into such five elements as communication subject, object, content, channels and effect, and make an overview and clear understanding towards the structure of Marxist mass communication on a new media era.

The development of anything must have its opportunities and challenges, not only the side of whose development should be seen, but also restrictions. And these restrictions, after being overcome and integrated, would become the new breakthrough and advancement. Through investigating into the opportunities and challenges, one body and two sides of the new media, it should be seen from a dialectical view towards the present situation of Marxist mass communication, not blindly advocating, also not seeing the problems only. It was more important to find the possibilities and ways which could turn difficulties and challenges into opportunities. In terms of logic, this search for possibilities and ways was just the opportunity to put forward relevant strategies at the end of this book. This study then continued to discuss the existed problems and reasons of Marxist mass communication under the perspective of new media. The problem here is different from the challenges above. Challenges and problems are two domains, the former needing to be overcome and having the signification being as a step to sublimate, while the latter existing a orientation needing to be solved and to find out the root cause must be destroyed and removed. Challenges and problems constituted a writing logic bridge from the present situation to the strategy, and also interpreted the purpose that this book logically maintained systematic and holistic.

Moreover, in the intense situation of international discourse competition, and under the atmosphere of ideological contest, it should not to forget the ideological attribute of Marxist mass communication, and must set up the position consciousness and competitive consciousness, which needed to absorb the strengths of western ideology, also to adhere to the principle, give priority to oneself, promote Marxist mass communication on a new media era with dominant attitude. Therefore, the concept in the field of ideology should be introduced. It should be introduced and analyzed whether it was faith identity, subject selection, the gap with the west, ideological confrontation or not. The western new media was filled with ideological struggle, but it was often covered by the appearance of a new media with openness and high degree freedom. In the study of the past, some scholars existed in the tendency of low political sensitivity; however, this book would keep attention to the ideological struggle in the field of new media, and embodied in each link.

Strategy is the logical end point of this book, and also an issue with most practical significance of Marxist mass communication on a new media in reality. This book is set from the perspective of both inside and outside, that is, to improve and enhance the communication subject, content and channel from inside, meanwhile, to create a communication environment, influence the communication object, construct a complete scrutiny mechanism from outside, and so on, which seeks to form an atmosphere with internal cause and external cause, self-discipline and heteronomy working along both lines to common pursue a good communication effect, at the same time, to plan out a thoroughfare of contemporary Marxist mass communication on a new media era in our country. Marxist mass communication on a new media era, as a phenomenon following the trend of the times, is in the constant change, whether seen from the technology foundation, operation mode, innovation platform of a new media, or from international community, Chinese characteristics, as well as the human psychology, ways of thinking, discourse mode, etc. in the developing era, which Marxist mass communication was facing with. This determines that the research space continues needing to be expanded; the problem domain is constantly emerging. So, I will continue to work hard.

Key words: The New Media; Marxism; Mass Communication

目　　录

CONTENTS

绪　　论

一　选题缘由与研究意义

"新媒体"（New Media）是个舶来词，戈尔德·马克（Gold Mark），时任美国哥伦比亚广播电视网技术研究所所长，在 1967 年第一次使用这个概念。E. 罗斯托（E. Rostow），时任美国传播政策总统特别委员会主席，于 1969 年向当时的尼克松总统做书面报告，"新媒体"一词正式出现在一个国家的政府用语中，借助美国超级大国的地位和其传媒产业的助力，新媒体一词逐渐为世界广泛接受。在学术方面，新媒体的理论建构于 1995 年出版的《数字化生存》① 一书，此书由美国麻省理工学院教授尼古拉·尼葛洛庞帝写就，文章以数字化时代为理论根基，指出计算机不仅有计算功能，还在各方面对人类都有广泛影响，其中就包括以计算机技术为支撑的新媒体。贯穿此书的一个核心思想是：以比特为核心的数字化原子正迅速取代物理原子，人类社会将会在数字原子基础上重新建构。这为全世界研究网络以及后来的新媒体打开了大门。

何为新媒体？顾名思义，它是具有媒体功能，区别于传统媒体，运用数字技术、网络技术、移动技术发展而成的一种新的媒体形态。数字化终端逐渐成熟体现在方方面面，从平台上讲，电子计算机、移动通话设备和 VR 模拟现实技术逐渐推广；在传播技术方面，光纤传送技术、数字信号取代模拟信号、Web2.0、3G、4G 日渐普及；从政策方面讲，文化体制改革逐渐进入深水区，国家文化体制顶层设计逐渐完善。因为新媒体传播模式和实现路径的自主管理性、广泛参与性和去中心化基础上的高度互动性等特征，广大民众得以参与到新媒体信息的制作和传播

---

① ［美］尼古拉·尼葛洛庞帝：《数字化生存》，胡泳译，海南出版社 1997 年版。

过程之中。这种新的媒体形态在促进文化多元化、信息加速化、交流畅通化的同时，也导致了生活方式虚拟化、思维方式异质化以及意识形态的非主流化，对马克思主义大众化带来了一定挑战，阻碍其顺利发展。

有鉴于此，本书以新媒体下的马克思主义大众传播为研究对象，在马克思主义理论的指导下，综合运用哲学、心理学、传播学、社会学、信息技术学、马克思主义理论等多学科知识，介入马克思主义新的历史视界，以构建与新媒体环境相适应的马克思主义大众传播的有效模式，最终形成如何创新新媒体视域下马克思主义大众传播的策略分析报告。

目前，由于我国人口基数、人才培养和互联网政策等多重原因，我国新媒体行业提供了多种多样的服务，整体产业布局多元有序，良性竞争格局建立，用户规模处于世界领先地位，新媒体发展水平基本可以保持在世界前列，可以说已经具备一定基础，开启快速发展模式。据2016 年 7 月，中国互联网络信息中心（CNNIC）发布的 2016 年《中国互联网络发展状况统计报告》显示："截至 2016 年 6 月，我国网民规模达到 7.10 亿……互联网基础设施建设的不断完善、利好政策的持续出台，以及互联网对于各个行业的渗透，共同促进网民规模持续增长。"① 广泛的受众群体及其极富竞争力的新特色启示我们，必须把新媒体融合到马克思主义大众传播的进程中。在数字化时代，数字化的历史构建重新定义了马克思主义大众化传播，并对此进行系统和深入研究，已是不可忽略的现实需要。

本书是构建中国特色社会主义核心价值观、弘扬和发展马克思主义的必然要求。本书希望做到抛砖引玉，在新的传播"朝代"，着力于热点现实问题的冷思考，以期能够裨助国家主管传播的相关部门制定有利于马克思主义大众化现实推进的相关政策，以技术进步和观念转换切实裨益国家文化软实力，推动马克思主义根基上的社会主义文化建设；本书提高了马克思主义大众传播规律的研究高度，从而助力马克思主义大众传播实践的科学化。此外，本书会对新媒体传播主体、传播客体、传播渠道、传播内容、传播效果等方面进行全方位考察，可以从理论和实

---

① 《中国互联网络发展状况统计报告（2016 年 7 月）》（http://www.cnnic.net.cn/gywm/xwzx/rdxw/2016/201608/W020160803204144417902.pdf）。

践两方面裨助思想政治教育模式、思想政治教育的切实效果等方面。这既是本研究的现实基础，同时也是本研究的现实意义。

在理论意义方面，厘清马克思主义大众传播的逻辑问题和理论难点，构筑和完善马克思主义传播学知识系统。首先，新媒体重新布局和规划了研究向度，可以从多学科维度、多元视角对马克思主义大众传播的五维要素进行条分缕析，推动马克思主义理论研究脱离历史局限和思维窠臼，成为基于多向度的综合性与总体性的新语境，开拓符合时代广度的新视角，从而铸就本学科新的研究方向。其次，系统分析、全面总览、科学有序地分析马克思主义大众传播的历史和积累的经验，分层次考察新媒体时代马克思主义大众传播存在的问题及原因，阐明马克思主义大众传播的宏观结构、微观组织方式及其总体运行态势，得出将新媒体时代马克思主义大众化水平推向时代前沿的策略。

就我个人而言，一直对新媒体发展态势保持敏感，经常尝试使用新媒体进行社交、获取信息等。并且作为高校思想政治教育工作的学习者和从业人，是一位典型的马克思主义传播从业者，马克思主义的内在深掘和外在光大是我的职业追求。在当代，马克思主义理论把新媒体当作自己的新型传播工具，我也乐于借新媒体丰润教学，提升思政实践水平，取得了不错的成效。这也是我将研究对象确定为新媒体视域下的马克思主义大众传播的原因之所在。

二　研究现状与学术史回顾

关于互联网的研究，国内学界开始于 1996 年，起初多是计算机领域的技术研究，并没有广泛扩展到其他领域。自 2000 年起，已有部分学者将网络研究从视线单一的技术领域转移到新闻学、传播学、社会学等多门学科。2005 年，彭兰教授出版的《中国网络媒体的首个十年》[①]，首次对我国网络媒体的发展进行了全面总结和归纳。2006 年至今，网络媒体这一术语已无法涵盖新兴出现的各种传媒现象，于是，第五媒体、数字媒体、新型媒体等名词相继出现，而"新媒体"一词则最具囊括性，且被人们广为接受。新媒体的研究范围也从单一的网络媒体研

---

① 彭兰：《中国网络媒体的第一个十年》，清华大学出版社 2005 年版。

究向全面的新媒体研究纵深发展，更拓展了自身的研究空间和问题域。

(一) 国内研究综述

截至目前，学界对新媒体尚未达成一个一致且权威的概念。王诚阐释道：新媒体就是"一种利用数字技术、网络技术，通过互联网、宽带局域网、无线通信网、卫星等渠道，以电脑、手机、数字电视等作为终端，向用户提供视频的信息和娱乐服务的传播形态"[①]。庞井君则按照以下两种标准和方法来界定新媒体：一是按照科学技术的变化和传播模式的变革来划分媒体形态。他将基于互联网媒体的各种业务形态均视为新媒体；二是按照时间与空间的变化来划分媒体形态，近十年出现的、在传播时间发生重大变化的各种视听业务形态均被称为新媒体。[②] 董年初、熊艳红则认为可以按数字技术和互联网技术来界定，前者指传统媒体数字化后的业务形态都可以成为新媒体，如有线数字电视、地面数字电视；后者指将与网络媒体有关的、强调交互的业务形态叫作新媒体，包括 IP 电视、网络电视、播客等。[③] 学界普遍将新媒体研究做阶段性划分，其中以赵敏为代表，她将国内新媒体研究经历分为萌芽发展期、初步发展期、兴盛发展期、突破发展期四个阶段。[④] 浙江传媒学院张仁汉则认为：中国新媒体的发展紧跟世界潮流，提出了三阶段发展说，即萌芽期、发育期和快速发展期。[⑤] 刘厚钰认为：新媒体的特征有复合型、综合性、全员性三大传播特性，且人人皆可成为传播主体。[⑥] 庞井君则认为新媒体的技术亮点在于宽带化、IP 化以及更高层面的智能化，[⑦] 随着技术的进步，新媒体的发展也日新月异，媒介形态、业务模式和内容供应也都将日益丰富多样。李旭认为我国新媒体产业正在经历从技术革

---

① 王诚：《新"比特"时代：通信文化浪潮》，电子工业出版社 2005 年版，第 46—48 页。

② 庞井君：《中国试听新媒体的现状与发展趋势》，《研究走廊》2011 年第 9 期。

③ 董年初、熊艳红：《视听新媒体概述》，《中国广播电视学刊》2007 年第 3 期。

④ 赵敏：《新媒体视阈中的大学生道德教育创新研究》，博士学位论文，山东大学，2012 年。

⑤ 张仁汉：《三网融合下视听新媒体研究述评》，《浙江传媒学院学报》2013 年第 6 期。

⑥ 刘厚钰：《传统广播与视听新媒体融合的战略思考》，《文化与经济》2012 年第 5 期。

⑦ 庞井君：《当前中国视听新媒体产业发展的几点思考》，《电视研究》2011 年第 5 期。

新、业务革新到商业模式革新的巨大变革。① 纵观我国新媒体的发展历程，时间虽然不长，但其社会影响却越来越大。郭小平认为新媒体用户主导了内容生产制作机制，促进了社会舆论的多元化与经济全球化，从传播学的角度看，新媒体是一种传播工具、接收终端与传播方式；从文化学的角度看，新媒体技术标准的同一化与外延的多样性相统一，促进新的亚文化圈的形成、主体文化的包容和开放以及不同文明的对话；从政治学角度来看，新媒体促进国家民主进程的发展。② 尽管如此，作为一种新业态，在未知的发展环境中，新媒体必然会遇到不少问题。当前，三网融合的背景下，庞井君认为，有必要澄清认识，承认我国新媒体的发展仍然囿于网络和技术水平偏低的困境、产业盈利模式不成熟、不同新媒体之间过于复杂的合作形式、国家文化安全面临危机等四方面的理论问题点。张伟、黄为群同时指出，在法律层面，版权保护的失位仍然制约视听新媒体在当下的发展和行业积极性，在三网融合的历史视界中，如何建立或完善新媒体监管法律和规则，将是多主体共同面对的难题。③ 如何克服存在的困难与困境、保持持续快速良性发展呢？庞井君提出：进一步推动新媒体大发展的路径选择，需进行战略布局调整，从加大政策扶持力度、提高传播影响力、加强系统平台建设、塑造市场主体、统筹协调产业链、营造健康发展环境等方面着手。关文舸则从新媒体内容重构视角进行探讨，指出新媒体在全媒体时代必须借助海量的信息和新媒体跨媒介特质促进内容生产创新，同时还要寻求适应各种新媒体形态的统一管理体系。④

　　总而言之，鉴于中国新媒体发展的时代特色、制度建构和规则安排，我国新媒体的学院派理论建设明显滞后于新媒体产业的实践发展速度。由此而来的研究的不足主要体现为：第一，研究视域狭窄，视角单一。技术层面和传媒学角度仍然是大部分理论研究的逻辑起点，很少有把新媒体作为承载体，首先关注其所承载的主题。笔者认为，新媒体首

---

① 李旭：《视听新媒体产业发展与行业监管的分析》，《中国数字电视》2012 年第 6 期。

② 郭小平：《论视听新媒体传播的社会影响》，《中国电视》2011 年第 12 期。

③ 张伟、黄为群：《三网融合下的视听新媒体监管体系研究》，《现代电视技术》2011 年第 10 期。

④ 关文舸：《全媒体时代试听媒体生产的重构》，《中国传媒科技》2012 年第 14 期。

先是作为工具出现的，所承载的内容决定其传播成效、特征和旨归。必须有意识地将新媒体所承载的政治学、哲学、人类学、经济学、社会学等多维内容作为和技术并行的出发点，自觉利用三网融合所提供的新视野，把握文化体制改革的时代脉搏，明确国家顶层设计的价值取向。第二，对新媒体宏观考察和微观把握相结合的研究较少，新媒体概念、特质等各执一端，缺乏跨学科多维视角的理论广度，理论研究的相关成果零散，连续性、系统性缺失，普遍适用性不高，不可忽视的是，重复研究的文章大量存在。第三，学界研究和业界实践各自为政，自成体系，缺乏对接触点，对应性失位。马克思主义在中国的传播兴起于五四运动。自此以来，对于马克思主义大众传播的研究，不少马克思主义理论工作者和先进知识分子贡献了大量高质量的、具有时代特色的研究成果，但是，其局限性也是很明显的，例如对马克思主义理论把握不深、仍有较为固定的儒家文化框架等。时至今日，研究焦点随时代而变化，马克思主义大众化传播更多的是以马克思主义中国化、时代化为理论落脚点。以传播学为研究始发点，从传播要素入手，由微观到宏观，由小到大，最终形成系统，全方位把握当代马克思主义大众传播的研究方面尚有很大空间。

中国青年政治学院陆士祯教授在《从青年发展视角看当代中国马克思主义的传播》① 一文中，从传播内容的与时俱进、传播方式的日新月异、传播环境的发展变化等多维度出发，力求把马克思主义传播研究与青年这一特殊群体结合，以期有所创新；中国青年政治学院石国亮主任所著的《马克思主义在青年中传播的几个前提性问题》，② 以教育与青年双向渗透为起点的前提问题，并将理论落脚点放在马克思主义传播和文化建设的协调推进之上；清华大学刘书林教授的《当代中国马克思主义大众化的实质与路径》③ 一文，从完善传播途径、增强传播渗透性出

① 陆士祯：《从青年发展视角看当代中国马克思主义的传播》，《中国青年政治学院学报》2007 年第 1 期。

② 石国亮：《马克思主义在青年中传播的几个前提性问题》，《中国青年政治学院学报》2007 年第 1 期。

③ 刘书林：《当代中国马克思主义大众化的实质与路径》，《学校党建与思想教育》2008 年第 9 期。

发，颇有新意地提出了一系列马克思主义宣传教育的原则与方法，进而探讨了马克思主义大众化的可操作性的实现路径；上海贸易学院赵勇的《马克思主义大众化及其实现路径》[1]，从马克思主义大众化凸显接受与认同出发，提出了传播主体融贯接受主体，传播内容契合于形式，通过领导机制变革、制度安排改善等手段优化马克思主义传播境遇，从传播组织结构调整和传播话语方式变更等方面，探索马克思主义大众化的实现路径；沈阳工业大学丁春福《基于传播学视角的马克思主义大众化问题研究》[2] 认为马克思主义大众化可以归结为一个特定的传播过程，继而以结构化的逻辑分析了马克思主义大众化包含的传播的构成要素，传播过程中的主体规律和客体规律，提出充分利用现代传播手段的意义和趋势。

山东大学徐艳玲教授在《建立马克思主义传播学初探》《马克思主义传播学：为传统思想政治教育的困境破题求解》等文章中，提倡实现对马克思主义传播学的完整系统建构、特殊规律和一般规律的区分度应当彰显于此方面研究的整体过程中，继而在马克思主义和现实精神文明之间架构桥梁，为马克思主义在精神领域成为现实力量而努力，最后达成一种更具渗透性的效果，即马克思主义以人们喜闻乐见的形式，让年轻人自愿接受，让老百姓潜移默化地接受，从而生成新时代背景下中华民族生生不息的精神基因。

综上所述，从马克思主义历年经验积累中可以看到其大众传播的学术旨趣往往强调在思想政治宣传、意识形态教育上考虑马克思主义传播问题，未能从民族文化、大众文化等领域和媒介载体去考察马克思主义大众传播问题；对马克思主义大众传播规律与接受规律缺乏深入研究；对于马克思主义大众传播中各级领导者和理论工作者以及社会群体如何实现马克思主义大众传播活动中的文化自觉和行动自觉缺乏深入的思考，也缺乏实现马克思主义大众传播的顶层设计理念与具体实践模式，至于学科整体建设，目前只是少数专家在探索。

虽然"新媒体"概念在国内的广泛使用和认可时日尚短，对于新媒

---

[1]　赵勇：《马克思主义大众化及其实现路径》，《思想理论教育》2008 年第 7 期。

[2]　丁春福、何易蔓：《基于传播学视角的马克思主义大众化问题研究》，载《第十届沈阳科学学术年会论文集（教育科学与边缘科学分册）》，2013 年。

体和马克思主义大众传播关系的研究历史不长，文献也不多，但已有专家做了有益的探索，并取得了一定的研究成果。国内主流学者，基于对网络背景的分析，探究在此语境下马克思主义大众化的优势以及所面临的问题，并试图探索行之有效的对策。第一，关于"网络+"与马克思主义大众化交互关系的研究。首都师范大学学者吕艳华在《公众参与：双向互动的马克思主义大众化路径》① 一文中指出，在马克思主义大众化的历史进程中，网络所提供的前所未有的广泛互动性，为马克思大众化双向和多向的交流开拓了渠道。随着网络覆盖范围的几何增长，"网络+"情境下的马克思主义大众化物理意义上急速拓展。部分学者从效果角度切入，指出"网络+"作为技术引擎，把马克思主义理论传播转轨到快车道，却并未以牺牲质量为前提，与此相反，基于多媒体技术的现代网络把马克思主义的传播效果也提升到了很高的一个档次。第二，凡事都有正负价值两个维度，学界也意识到网络给马克思主义传播带来的困难和问题。对此，以下几种论述占据问题话语空间：网络是聚集多元意识形态的洼地，网络信息传播的自发性、混乱特点极易造成普通群众的认知混乱和信仰缺失，使西方国家有机会、有渠道、有战略布局地在网络世界凭借其技术优势，推行所谓的网络霸权主义；从国内传播环境来说，信息领域的混乱和治理难度远超物理领域，非典型性问题使得虚拟空间执法困难，挫伤了马克思主义大众化的传播效果，诸如此类。第三，关于如何利用网络推进马克思主义大众化的可行性路径建设，大部分学者认为应树立阵地思维，以平台、宣传阵地为基本单位传播马克思主义，这要求与时俱进的思维，精确满足大众需求的传播内容，锻造高素质的传播队伍。也有学者认为，通过新媒体让马克思主义抽象理论更加具有亲和力，具体表现为制作一些保持主旋律的亲近性读本；消除传播过程中遗留的距离感，尽量以生动形象的方式诠释原本抽象的理论；从传播对象方面来看，要确立传播对象的主人翁地位，避免灌输型传播，而要形成良性互动教学模式。

此外，一些研究者开拓出新领域和问题话语空间。这一类的专著主要分为两方面：一类只局限于两者之间直接关系，研究范围的狭窄带来

① 吕艳华：《公众参与：双向互动的马克思主义大众化路径》，《前沿》2011 年第 19 期。

的是很厚重的研究深度。比较具有代表性的文本，例如《信息化视域中的马克思主义大众化策略》①，是唐莉教授在此方面的苦心之作，她指出信息化的空前发展不可避免地助推马克思主义大众化，但也会产生和激化一些问题和矛盾，理论落脚在用六项策略推动马克思主义大众化；《网络传媒时代马克思主义大众化的若干问题》② 亦反映出学者邓国锋的另类视角，提出了网络传媒背景下，马克思主义大众化研究必须面对的十大问题和在学界具有代表性的五种观点，但没有深入到信息化的技术层面，提出网络时代马克思主义大众化的可操作路径；苏星鸿在《网络文化境遇中的马克思主义大众化》③ 一文中阐释了数字技术基础之上的网络文化，如何产生马克思主义大众化的挑战，以及在此背景下如何实现马克思主义大众化体系的有效建构，提出要重新考量网络文化历史背景中的马克思主义大众化，如何重构理论教育内容和结构、设定理论教育的多重目标、改善理论教育教学模式、推动理论教育方法的进步创新。另一类，是与其相关的支持性的研究文献，主要表现为马克思主义大众传播的具体实践性质的东西。这一种类文献数量很多，例如党媒的网站建设、网络道德教育、网络思想品德课程、手机主旋律短信传播以及政府门户网站的建设等，在其中，也可总结很多的可供借鉴的经验，以供当下我国马克思主义大众化的信息化建设作为参考。

当问题域转移到新媒体这一具体条件下，在此领域谈论马克思主义大众化，学界较有代表性和说服力的是周小华的相关论著，另外潘坤在《光明日报》上的讲话也极具参考价值。通过深入分析新媒体技术与马克思主义双向互动有效结合的基础上，周小华在《论新媒体技术环境中的马克思主义传播创新》中较有创意地提出几项整合新媒体传播渠道，构筑新媒体视域下的马克思主义传播宏观体系的措施；通过促成传统媒体与新媒体的有效融合，在新技术层面和思维方式中促成马克思主义大众化的多样化和进步。潘坤在《现代传媒与马克思主义大众化》一文

---

① 唐莉：《信息化视阈中的马克思主义大众化策略》，《毛泽东邓小平理论研究》2009 年第 2 期。

② 邓国锋：《网络传媒时代马克思主义大众化的若干问题》，《学术论坛》2009 年第 6 期。

③ 苏星鸿：《网络文化境遇中的马克思主义大众化》，《甘肃社会科学》2009 年第 4 期。

中认为，在新传媒的宏观背景下，首先实现新传媒的技术管控，把新传媒制度建设提高到战略高度，澄清网络语言环境，特别是手机语言等影响巨大的语言表述体系，重点发展马克思主义宣传网站，使之成为马克思主义传播的有效路径。

综上所述，国内研究可提升空间仍显巨大，关于新媒体和马克思主义大众传播关系的研究还缺乏厚度和张力，其局限主要体现在：第一，学界对新媒体对马克思主义大众传播的影响这一方面的研究缺乏层次感，多表面叙述而缺少深层研究，主观判断偏多，价值判断偏杂，深入的理性分析和基于详细数据的实证研究明显缺位。第二，新媒体与马克思主义大众传播研究载体以期刊和报纸类评论为主，目前很少有专著或博士论文进行深入研究。更加亟须改进的是微观视角较为缺乏，数据性研究匮缺，宏观理论性往往过多，学界研究的整体层次感不明晰，呈现失衡态势。第三，研究领域应然空间和实然空间不匹配，仍需拓展，特别是借助交叉学科之契机应被重视。较少运用传播学的理论知识进行交叉分析和探讨。因此，有必要从多学科视域，融合多学科的研究方法，从宏观与微观的研究视角，从历史与现实的维度，寻找马克思主义话语系统和大众新媒体传播系统的契合点，实现新媒体技术与马克思主义的普适性与大众的接受力和理解力的辩证统一。

（二）国外研究综述

由于马克思主义在国内外定位的巨大差异，国外马克思主义大众传播研究相对市场较小，但是对于如何利用大众传媒和新媒体推动意识形态传播和建设方面，国外学者进行了有益的探索，并在诸多领域做出了突出贡献。

首先，国外学者对新媒体传播的社会层面解读进行了研究。克劳斯·布鲁恩·延森（Klaus Bruhn Jensen）在《媒介融合：网络传播、大众传播和人际传播的三重维度》一书中认为，媒介融合带来了研究上的转向——从作为技术的媒介转向作为实践的传播，后者的一个中心命题是特定的媒介与传播实践将对社会组织（从微观到宏观）产生何种影响？解决上述问题，首先需要解决交流与传播观念的理论规范问题，《媒介融合：网络传播、大众传播和人际传播的三重维度》就是阶段性的成果：基于对交流/传播观念史的考察，建构全新的认识论范式。

简·梵·迪克（J. V. Dijk）在《网络社会：新媒体的社会层面》中指出，网络和大数据技术风靡，需重构相关领域学术范式，基于当代理论和有关现代性、媒体和网络的研究，需要对这一新型社会进行全景式的鸟瞰。维克托·迈尔-舍恩伯格（Viktor Mayer-Schönberger）和肯尼思·库克耶（Kenneth Cukier）在《大数据时代：生活、工作与思维的大变革》中指出，大数据在思维、商业和管理等方面突破了传统固化结构，需要人们随之突破成见，着眼未来。维克托独具洞见之处在于，大数据将为人类的生活创造前所未有的可量化的维度。大数据已经成为新发明和新服务的源泉，而更多的改变正蓄势待发。书中展示了谷歌、微软、亚马孙、IBM、苹果、Facebook、Twitter、VISA等大数据先锋们具有价值的应用案例。

其次，国外学者对大众传播的基本理论进行了深层次的探究。斯坦利·巴兰（Stanley J. Baran）和丹尼斯·戴维斯（Dannis K. Davis）在《争鸣与未来》中认为，要对大众传播采取历史视角，关注两大传播理论学派（社会/行为理论和批判/文化理论）的起源和演进的传播理论史。洛厄里（Shearon A. Lowery）和德弗勒（Melvin L. DeFleur）在《大众传播效果研究的里程碑》中对于大众传播经验研究的历史采取了十分特别的叙述方式。其独特之处在于，它用"里程碑"将这一领域的历史组织在一起。何为"里程碑"？这个词来源于古时候人们放在道路（如罗马的阿皮安路）沿线的石头，这些石头用来告诉行人他们已经走了多远，还需要走多久才能到达最终的目的地。而书里的14个里程碑则给读者提供了一幅关于大众传播研究所走过的"学术路线图"。对于大众传播的初学者来说，这本书回答了这样一些问题：我们来自何处？我们是如何到达这里的？我们在哪里？我们将向何处去？从个人维度讲，伊莱休·卡茨（Elihu Katz）和保罗·F. 拉扎斯菲尔德（Paul F. Lazarsfeld）在《人际影响：个人在大众传播中的作用》中报告了在美国伊利诺伊州迪凯特市所做的先驱性研究的结果。这项研究验证了保罗·拉扎斯菲尔德无意中的发现，即源自大众媒介的讯息在传播过程中经由了"意见领袖"的中转——他们在其所处的人际网络中为其他人筛选、解释并扩散自己的所见所闻。本项经典性的研究聚焦于日常生活中的决策制定过程（公共事务、时尚、电影观看、消费行为），为大众媒介与人际影响间互动关系的后继研究开辟了新的领域。从政治经济学角度分析大众媒体,爱德华·S.赫尔曼(E.S.Herman)和诺姆·乔姆斯基(N.Chomsky)在《制造共识:大众传媒的政治经济学》中向读者揭示出,新闻媒体与其以往好战、执着、无所不在地探求真相和捍卫正义的形象截然不同,它们在实践中维护的是对国内社会、国家以及全球秩序起主导作用的精英阶层的经济、社会和政治议程。赫尔曼与乔姆斯基研究了数十年间的评论与研究资料,对一系列案例,包括媒体对"有价值"和"无价值"的受害者、"合法的"与"毫无意义的"第三世界选举等事件的两分法报道进行了研究,对媒体就美国对印度支那的侵略战争所作的报道进行无可辩驳的批判,并基于上述研究与批判提出了一个用于分析媒体行为与表现的宣传模型。

最后,对于意识形态角度的传播分析,也有部分著作较具代表性。福克斯(Christian Fuchs)和莫斯可(Vincent Mosco)的《马克思归来》指出,在当今之世界,毫无疑问,马克思是所有伟人中被曲解或误读非常多的一位。这种曲解似乎不仅是"现在进行时",还将是"未来进行时",只要"资本"还支配着这个世界。事实上,马克思始终都有其现实性,只是这种现实性在今天的媒介与传播研究中并没有被充分重视,马克思总是被曲解或误解。本书批驳了这些曲解或误解,并说明当下将马克思与马克思主义概念运用到媒介与传播研究中的重要性和急迫性。从对其他国家意识形态传播的角度出发,赫伯特·席勒(Herbert I. Schiller)写就了《大众传播与美帝国》,首次联系大众传播的两大功能——政治功能和经济功能,全面剖析美国大众传播的结构与政策。此书有助我们理解美国文化帝国主义的发展和转变,进而理解美国大众传媒的功能,及其政治、经济和外交的议程设置结构。

总而言之,国外的相关研究比较深入透彻,特别是在新媒体和大众传播领域,借助西方特有的优势,获得更多的第一手资料。但是,不可忽视,国外马克思主义研究环境与国内大相径庭,马克思不是作为主流意识形态而存在,所以针对新媒体视域下马克思主义大众化传播的系统著作仍显匮乏。

三　研究思路与方法

(一) 研究思路

本书以当代蓬勃发展的信息传播平台新媒体为视域切入角度,借鉴美国学者拉斯维尔的传播学理论,系统地分析新媒体时代马克思主义大众传播的五维度要素,进而剖析当代马克思主义大众传播在新媒体视域下的机遇与挑战、问题及原因,谋求探索当代中国马克思主义大众传播的新媒体路径策略。

基于此,本书研究结构做如下思路安排:

第一,对新媒体与马克思主义大众传播做整体性概述。分为四部分:一是厘清新媒体的内涵外延,并就新媒体与传统媒体的比较中总结新媒体作为传播平台的时代特征;二是对马克思主义在中国的大众传播进行传统媒体与新媒体的历史和现实考察;三是当代马克思主义大众传播的基本内涵和特征;四是分析新媒体视域下推进马克思主义大众传播的意义所在。

第二,借鉴拉斯维尔的传播学五维要素理论,对新媒体视域下马克思主义大众传播要素进行条分缕析,逐项分析新媒体视域下马克思主义大众传播的主体要素、客体要素、内容要素、渠道要素和效果要素。

第三,把马克思主义大众传播置于现实社会新媒体环境中进行分析梳理,指出新媒体视域下马克思主义大众传播所面临的机遇和挑战。分为两大部分:一是从新媒体所提供的前沿阵地、方式手段、现代载体、多向互动、深入发展等五方面指出新媒体视域下马克思主义大众传播的时代机遇;二是从新媒体所影响下的主体选择、客体信仰、意识形态主流地位、大众关注度、与西方差距等五方面分析新媒体视域下马克思主义大众传播所面临的时代挑战。

第四,深入探究新媒体视域下马克思主义大众传播存在的问题及原因。分为两部分:其一,从传播主体运用新媒体的自觉性及能力不够、传播客体的选择及自律状况不佳、传播内容上信息的编码质量不高、传播渠道的自身环境令人担忧、传播效果上虚拟空间与现实世界的脱离及监管失位等五方面分析存在的问题;其二,从传播主体的适应发展缺陷、传播客体受多种社会环境的影响、传播内容的多元竞争局面、传播渠道的竞争升级、传播效果的现实脱离感与监管困境等五方面剖析问题产生的原因。

第五，策略问题是本书的逻辑终点，也是现实中新媒体马克思主义大众传播最具实践意义的问题。本章节对应于前文研究中涉及的"问题"及剖析的"原因"，从内外两个角度着手，即从内部完善和改进传播主体、传播内容、传播渠道，从外部营造传播环境、影响传播客体、建构完备的监督审查机制等，探求形成内因与外因、自律与他律双管齐下共同追求良好传播效果的局面，构建我国新媒体马克思主义大众传播的路径和策略，为当代马克思主义大众传播贡献智慧力量。

（二）研究方法

本书以马克思主义唯物史观和唯物辩证法为根本研究方法，坚持马克思主义历史的分析方法和阶级分析方法。具体研究方法主要有如下几点。

1. 历史和逻辑统一的研究方法。

把握事实发展的实然发展规律和逻辑的应然发展规律，结合起来考察马克思主义在我国的大众传播发展和应用的过程，揭示其中传播媒体特别是新媒体发挥作用的历史背景、基本内容、特点及实质，问题及趋势等，力图对马克思主义大众传播作出系统而完整的把握。

2. 多学科交叉融合的研究方法。

马克思主义大众传播不仅是理论问题，还是实践问题。笔者在研究中努力将包含哲学、传播学、心理学、管理学、社会学及马克思主义理论结合考察新媒体时代马克思主义大众传播，以系统的观点介入完整的考察空间，多视角分析其中蕴含的价值，指出存在的问题，制定综合有效的策略，从学科交叉和融合的视角进行综合研究，以弥补学科视域狭窄导致的局限。

3. 逻辑层次渐进的研究方法。

本书以新媒体概念的厘清为开端，对新媒体视域下马克思主义大众传播的诸多要素进行分析，进而解析新媒体时代赋予的当代马克思主义大众传播的机遇与挑战，直面存在的问题，深究问题产生的根源，探求解决问题的手段方法，最后提出系列的对应路线策略，行文具有鲜明的层次性和体系完备性，具有整体协调对称的美感，更具有问题和对策相对应的逻辑自洽特征。

四　学术创新与研究不足

（一）学术创新

1. 运用传播学理论，探讨当代马克思主义大众传播的发展问题，即基于新媒体的传播学特质研究其对马克思主义理论在当今及未来的大众化影响，指出其现实缺陷及其原因，进而提出对应策略，在目前学界尚匮缺系统研究。

2. 将哲学、社会学、心理学、传播学、信息技术学等与当代马克思主义理论连接，多学科交叉融合，谋求为马克思主义传播学科建构补充理论探索。

3. 创新构建新媒体视域下马克思主义大众传播策略，提升理论对现实的指导意义，解决学界研究与业界实践的不同步现象。

（二）研究不足

1. 本论文对马克思主义大众传播的新媒体研究，仅限于其现状、问题和应对的策略措施等角度，在新媒体的具体技术手段如何使用等专业性问题上，有待完善。

2. 新媒体更新换代较快，发展迅速，本书主要针对时下流行的主要新媒体形式开展研究，对未来可能出现的新媒体态势没有较高的预见性。

3. 本研究未涉及相应的马克思主义在新媒体时代大众传播的实践计划，实践指导层面尚需完善。

第一章　新媒体与马克思主义大众传播概述

　　新媒体，作为一种媒体，具有传播属性，表现着媒体的社会功能。新媒体之"新"，这自然是相比较于"旧"而言的，是指它与传统媒体比较有着新的独特的特点。当然，当代的新媒体不会一直"新"下去，但可以预见的是，在不久的未来，各类型更新的传播介质将纷纷登陆人们的生活舞台，给人类的整体文明进程带来更大的机遇和挑战，这一点毋庸置疑。马克思主义大众传播是一个长盛不衰的经典话题，长期占据学界注意力领地，并且成为国家政策层面经常讨论的问题。厘清新媒体和马克思主义大众传播的概念，并考察两者关系，是一切讨论的拱顶石。

第一节　新媒体概述

　　新媒体虽然从常识上为公众所熟知，但是很少有人明确地认识其具体内涵和外延，而这恰是探讨一个概念的两个最基本向度。所以，有必要正本清源，探究新媒体概念的历史流变和现代存在形态，分析新媒体的特质特征，明晰新媒体的传播学特色，从而实现因势利导，扬长避短，把新媒体的正向功能放大，实现良好的社会效益。

一　新媒体的内涵与外延

（一）新媒体的内涵

　　如何界定新媒体？学界说法各异，争议尚存。"新媒体"概念难以界定，首先难在一个"新"字。何为"新"？清华大学熊澄宇教授于《整合传媒：新媒体进行时》一文中认为：新媒体中的"新"是和"旧"这一概念比较而来的。这个"旧"，主要涵盖报纸期刊、户外广告、广播电讯、电视等。因此，新媒体就存在着一个可对比的参照物。① 中国人民大学学者匡文波也认为，新媒体是具有相对性定义空间的概念，处于流变之中，目前说来，新媒体是在报纸、广播、电视等媒体之后逐渐成长和成型的媒体形态，数字化和数字技术时期的基本支撑，主要呈现形态为移动设备、网络媒体、基于数字技术的一类媒体等。② 其次，新媒体是一个单向放射概念。这个不可逆的单向放射指的是在一定的时间范围里，新媒体的内涵是特定不变的，具有单向稳定性。数字化是一个很明显的表现，数字技术的革新发展把我们之前没有的事物做了提升和更新，例如：相对出现较晚的网络技术和较早出现的电视，新技术把二者结合就成为现在我们所知的数字电视，这种形式将现存媒体形式进行了延伸。最后，新媒体是一个发展概念。吴磊在《新媒体概论》一书中认为，所谓新媒体是指一切区别于传统媒体而言的具有多种传播形式与内容形态的不断更新、不断涌现的新型媒体。③

综上所述，结合本研究需要，笔者将当代新媒体定义为：以数字技术和网络技术为技术支撑，以互联网为传播渠道，以电脑、手机、数字电视机等为终端设备，同时满足用户信息收纳要求及信息传播要求的新兴媒体形态。

（二）新媒体的外延

任何逻辑上自洽的概念都是内涵和外延的统一。从外延角度来说，学界普遍认为新媒体包含基于网络和数字技术的通信软件、视频播放平台等以流媒体、全媒体形式进行展现，以即时通信、信息互动、强调时效性为基本追求的媒体形式。其主要代表是微博、微信、人人网、QQ、Skype、YY以及各种网络平台和软件。因此，无论是主要依赖的技术手段、运作模式、追求目标和呈现形态，新媒体都有自己的特色。

当前社会新媒体主要依托电脑互联网平台和移动终端平台，其中，被喻为"第四媒体"的互联网是目前最主要的新媒体类型。目前，Web3.0象征着新一代互联网，这是基于Web1.0和Web2.0概念而提出的又一阶段性概念。Web1.0阶段是属于门户网站的时代，一般用户处

① 熊澄宇：《整合传媒：新媒体进行时》，《国际新闻界》2006年第7期。
② 匡文波：《2006新媒体发展回顾》，《中国记者》2007年第1期。
③ 吴磊：《新媒体概论》，中国传媒大学出版社2009年版，第3页。

在被动地位，一般仅限于接收信息，甚至无法完成简单的评论。Web2.0 开始关注互动性，用户仍然可以完成信息浏览，最具革命性的是可以确立网络信息提供者的地位。网民在网络中实现了深度参与、互动渗透，从而开启了互联网新境界。Web3.0 是对 Web2.0 的全方位提升，在集成了 Web2.0 基本优点和技术框架的基础上，完成了对网络信息的大数据集成，Web3.0 将信息、用户和服务器智能对接，以平台方式集成信息并向用户提供，通过这个平台，用户可以实现对信息的靶向寻找，精确地找到有用信息，信息发布者也能将自己信息发布给潜在受众。相对于 Web1.0 的浏览和下载、Web2.0 的参与、展示和互动，Web3.0 的核心理念是"个性、精准和智能"。[①]

移动互联网平台，从广义上讲是指用户使用手机、上网本、笔记本等移动终端，狭义上是指用户使用手机终端，通过移动网络浏览互联网站和手机网站。本研究采用狭义定义，即研究以手机终端获取和传播马克思主义信息的移动互联网平台。截至 2016 年 6 月底，"我国手机网民规模达 6.56 亿，较 2015 年底增加 3656 万人。网民中使用手机上网的比例由 2015 年底的 90.1% 提升至 92.5%，手机在上网设备中占据主导地位。同时，仅通过手机上网的网民就达到 1.73 亿，占整体网民规模的 24.5%"[②]。不仅是规模的增长和市场的扩大，增速也在不断提升，由 PC 向移动设备转化的速度也在加快，"2016 年上半年，我国新增网民中手机网民规模为 1301 万人，占新增网民的 61.0%"[③]。

值得注意的是，当前社会新媒体主要有博客、微博、微信三种组织形式，融合音频、视频、文本等表现体裁，在现实生活中定位自己，发挥力量。新媒体多元化的属性反映到其类型上，呈现多样化和多层次的特征。

博客

1997 年，约翰·巴杰（Jorn Baiger）第一次使用 Weblog 一词，用

---

① 熊回香、王学东：《面向 Web3.0 的分众分类研究》，《图书情报工作》2010 年第 3 期。
② 《中国移动互联网调查研究报告（2016 年 7 月）》（http://www.cnnic.net.cn/gywm/xwzx/rdxw/2016/201608/W020160803204144417902.pdf）。
③ 同上。

来描述那些有评论和链接，能够持续更新，自由书写的个人网站。1999年，Peter Merholz 首次将此种网站定名为"Blog"。"Blog"被称为网络日志，又被译为博客或者部落格，它允许个人自由发布内容，没有专业要求和审核程序，这种有别于传统媒体，去把关人、去专业化和去权威性的特征，成为新媒介最典型的识别特征。

博客在中国，起步于 2002 年，当年博客使用人数约 1 万人，但是其增长速度呈几何模式，仅仅过了一年，用户就达 20 万之众，2004年，大量普通网民开始注册并使用博客，打破了博客的精英定位，用户的极速增长也推动了博客的快速商业化。2004 年 5 月，南京召开中国首届网络传播学年会，与会者对博客进行了广泛探讨，博客正式作为一项重要问题域受到学术界的关注。在中国，许多人是经历了木子美的性爱日记事件（2003 年）、竹影青瞳的裸体照片事件（2004 年）和韩白之争（2006 年）之后，才知晓博客这一概念，这时期博客给大众的印象往往是发泄私愤、情色等负面印象，甚至成为精神的藏污纳垢之所。在学术层面，很少有学者对博客真正进行系统的研究，专著也是凤毛麟角。吉首大学学者周海英通过研究报告指出："国内的博客研究，主要还是在传播学的基本框架下进行的。研究视野主要是新闻传播这个维度，显得单一而狭窄。"① 之后，博客逐渐实现了有序发展，相关法律、法规和行业规范逐渐引导博客健康发展。人们开始正视和重估博客在大众传播中的地位，认识到博客作为新兴媒体已成为一种不可忽视的媒介力量。目前，中国影响力比较大的博客载体分别是新浪博客和搜狐博客，最专业的博客群当属和讯网则一经博客，网易和腾讯的博客也有着一定的影响力。

微博

在当下时代，微博是最流行的网络新媒体。博客一词是从英文单词 Blog 翻译而来的，是以网络为载体，简易、迅速、便捷地发布自己的心得，即时、有效、轻松地与他人进行交流的个性化展示平台。微博这一概念译自于英文单词 microblog，是博客的一种变体，文本内容通常限制

① 周海英：《我国博客研究现状的实证分析》，《当代传播》2006 年第 4 期。

在 140 个字符（70 个汉字）之内。在"微时代"，微博的使用数量及影响力已大大超过了博客，表现出更加鲜明的特点。

第一，传播主客体的集群性及互动性。在微博世界里，用户有了组群聚集的机会，体现了微博的集群特性。微博不再是自说自演的"独角戏"，而是成为只有在互动和"圈粉"中才能掌握游戏规则，获得话语权的生存样态。集体性的互动中微博才能彰显其价值，这种话语的互构和生态共建，成为微博与传统媒体最大的区分之所。

作为一个开放的空间，微博凭借着强大实用的功能使其在互动性上有了更大的优势。北京交通大学廉捷等四位学者撰文指出："微博的使用人群数量基数大，状态信息更新频繁、信息传播迅速。"[1] 互动功能成为微博及其参与者生存的根本和追求的目标，成为微博语境活跃度的评判尺度。微博的内在性格中是"不甘寂寞的"，互动意味着互相提供传播渠道，渠道资源的共享形成了信息传播的共赢机制，每个人都能获得更大的发声权，同时也帮助其他人找到更多的表达途径。

第二，传播内容的丰富性及碎片化。微博的内容丰富。民俗文化、街头巷尾奇闻趣事、公共舆论、娱乐八卦、餐饮出行、公众意志、科技创新、文化政治等，有效反映了当今社会的价值观；从微博信息传播目标群体范围看，新媒体传播触角覆盖和接触领域丰富多元且具有交叉性。内容传播的无限自主性，微博用户使用多样功能实现自身目标，并且在新媒体社区内创设软性组织，实现隐形功能，彻底颠覆以往的传媒生态环境，引领了当今"自媒体"时代的变革。

微博对字数的限制，必然带来信息碎片化。信息来源的多元化，使信息源层面就产生了信息的碎片状态，更直接的原因是，信息源交叉，不同发声群体和个人的平等自由发生权，导致信息重叠、互相冲击、解构，并在不同受众和不同群体的视域成见中完成新的重组，公众理智无法在信息纷乱状态下完成系统祛魅，所以受众本身就成为信息碎片化的储存基地，受众成见和既有价值观加深了碎片化程度。

第三，传播方式的便捷及信息放大效应。微博打破了时空限制，使

---

① 廉捷、周欣、曹伟、刘云：《新浪微博数据挖掘方案》，《清华大学学报》2011 年第 10 期。

之具备了无与伦比的便捷性。由于发布内容的字数限制在 140 字内，门槛的降低增加了不同时间、不同地点快速发表状态的可能性，从而打开了信息堤坝，公众更容易宣泄信息存量，达到了 4A（anyone、anytime、anywhere、anything）的需求满意度，"瞬时性"在此被重新定义和诠释，一瞬间的信息爆炸成为可能，信息核爆成为日常。

微博系统中，"转发""关注""被关注"是三个主要的用户关系和操作动作。通过"关注"和"被关注"，每一个微博用户都可以形成一个以自己为中心的信息来源，其信息也可以通过不同数量"被关注"的或大或小的圆进行辐射性传播。微博用户也可以发布其他微博用户已经收到的信息，增加自己的评论（也可以不加任何评论），通过"转发"的形式进行再次发布。这样，经过层层转发，信息以类似"核聚变"的方式扩散，得到信息的人数成几何倍数增长。特别是一些社会爆炸性新闻事件，将会得到更多的关注和转发，此类事件的传播扩散将会变得更加活跃。在这种情况下，微博更像是一个大型的开放的社区，人们组合在一起，没有任何门槛，从而形成了微博传播的蜂窝结构。这其中，自然就会出现信息的失真或误传，其影响效应是人群量的扩大而信息本真的耗散。

微信

莱文森说："媒介的每次演变都是为了弥补上一任媒介的不足，以使其接近于人与人之间面对面的交流，更加贴近于人自身，手机成为信息终端使得我们和不在场的人的信息交流所花时间几乎为零。"① 微信基于移动设备，以不为人所注意的形式慢慢影响并左右了我们的生活及思维。2011 年 1 月 1 日，微信诞生，继而附带产生公众号等多种新型概念，微信 1.0、2.0、2.5 和 3.0 多个版本进步发展，从而发展出丰富的功能，为自身发展打下了硬件基础。微信是基于强社交关系的，匡文波指出："从微信用户关系来看，微信用户是基于手机通讯录或通讯录建立起来的强社会关系基础上。"② 在此基础上，微信的定位区别于腾讯

---

① ［美］保罗·莱文森：《新媒介》，何道宽译，复旦大学出版社 2011 年版，第 122—123 页。

② 匡文波：《中国微信发展的量化研究》，《国际新闻界》2014 年第 5 期。

公司的另一款即时通信软件——QQ，以更加简洁的功能，如相较于 QQ 空间更加简洁的朋友圈，保密性更佳的方式，如删除对话后不留聊天记录，更加快速的感官消费，如微信小视频，主动替代 QQ 的功能和市场空白，功能的精简使微信更加适应于职场需求，而不是像 QQ 更加适用于校园。据《中国互联网络发展状况统计报告》指出，截至 2016 年 6 月，微信使用率为 78.7%。[①]

在经过多次版本升级后，微信彻底颠覆了传统的文字短信模式，以语音通话、语音输入和小视频等新形式为基础建立了新的传播范式，应用模式的亲和程度提高催生了更新的用户特性，人性化特征逐渐嵌镀到人际交往的表现中。社交功能的进一步拓展，会让信息变得扑朔迷离。例如 2016 年 11 月 30 日不断发酵的"罗一笑"事件，真伪扑朔迷离，网上争论与调查至今未能偃旗息鼓，这个事件中体现的"打赏"募资，恰恰体现了人际与资金纠缠不清的关系在微信生态中日益复杂。据艾媒咨询所做的微信用户研究报告显示，微信的实际盈利能力低于预期，至少不能拿出与其在社交领域的疯狂增长相匹配的表现，利用微信公众平台进行营销并非最理想的方式。[②]

（鉴于本书的研究初衷和归宿是新媒体背景下马克思主义大众传播的状况及发展，故着重考察基于展示交流沟通功能的新媒体应用发展，不涉及商务交易或娱乐等功能的新媒体形式。）

二　新媒体与传统媒体的比较

新媒体和传统媒体都从属于"媒体"范围之内。古时，"媒"指"做媒"，是指婚姻介绍的中介。现代人引用过来，用于指代信息表示和传播的载体。"媒体"的英文 Media 一词来自拉丁语"Medium"，主要是一种桥梁或者中间之物的意蕴，在之后逐渐引申出信息介质的现代含义，作为一种两个实体之间过程性的表意词汇。Media 也被译作"媒介"。在西方传播视阈里，Media 的本质含义大致有"信息说""环境

---

① 《中国互联网络发展状况统计报告》（2016 年 7 月）（http://www.360doc.com/content/16/0813/23/33582415_ 583048393. shtml）。

② 《2013 年中国微信公众平台用户使用调查报告》，（http://www.codesec.net/view/244064. html）。

说""社会机构说""文本文化说"等几种界定，其中颇具代表性的是"大媒体观"，即媒体是能让人与人、物与物以及人与物产生关联的任何物质，这种物质既可以是有形的，也可以是无形的。①

"媒体"是一个"宏"，传统媒体和新媒体本身就具有一脉相承的关系，都是存在于"媒体"这一语言域中。但是，两者也有明显不同。传统媒体较之于所谓新媒体，虽然有常识层面的感性区分，但加以学理深究，这种区别也并不能简单一概而论，学界也有争论，之所以如此，源于如何理解"新"字？也就是说，把传统媒体在何种意义上缺失了与新媒体区别开来的"新"的概念，"新兴媒体"是否可以等同于"新型媒体"，还是两者再做区分，从而重释新媒体？新兴媒体的基本内涵，在硬件上主要依托于现代网络服务器和数字技术，以参与、交互和创新为基本运营旨归，达到分散化和个性化地生产、传播信息，主要呈现形态为移动终端平台、流媒体和数字媒体等。新型媒体则有不同，主要指未脱离传统媒体的基础，而同时结合了当下传媒新技术，未从根本上改变传播形态，但达到了提高信息质量，拓展传播范围的目的，其形式往往是传统媒体的改良形式，如车载电视等。由此可见，新兴媒体更趋向于广义，而新型媒体的范围则相对较为狭义。

新媒体对传统媒体的继承性和差别，主要体现在两者不同的社会功能之上。媒体的社会功能研究肇始于美国的传播学家哈罗德·拉斯韦尔（Harold Dwight Lasswell）。通过"谁？说些什么？通过什么渠道？对谁说？有什么效果？"这一震撼学术界的界定，拉斯韦尔引申出了"控制分析、内容分析、媒介分析、受众分析和效果分析"五大研究课题，论述了大众传播在社会中的"三大功能"，即监视社会环境、协调社会关系、传衍社会遗产。总而言之，作为现代社会中最重要的信息系统，大众传播的社会功能揭示了先进的传播手段和传播技术无论对于人类自身还是对于社会发展，都具有十分重要而深远的影响。主要体现在以下几个方面。

第一，社会环境监测功能。作为信息中介（或载体），媒体能够将自然界或社会环境中瞬息万变的信息及时地反馈给社会大众，以便调整

① 苏青场：《新媒体与党的建设》，博士学位论文，中共中央党校，2012 年。

自己的行为方式应对自然和社会环境的变化。新媒体借助其软硬件方面的优势能迅速地帮助人类察知内外环境变化，起到"瞭望哨"的基本效果，保证社会平稳和谐有效运行，完善社会功能，缓解社会矛盾和危机，提高经济和社会对危机的抵御能力。

第二，社会协调功能。"协调"是基于现实社会中的"失衡"状态而言的，或社会运行中某些层面的失衡，或制度的有效供给不足，或人们思想观念的失调，这些现象已然成为整个社会系统中一种常态。新媒体作为社会系统中的一个重要的信息系统与信息传播组织，通过快捷、准确的信息传播，提供全方位的社会扫描，从而疏导社会矛盾、协调社会利益，充当社会危机治理的社会"调节器""警示器"，使政府和受众之间和谐和度。

第三，文化传承功能。广泛性、介质性、通俗性、重复性等特征，决定了媒体在文化传承方面必有其不可替代的作用。中国社科院学者殷乐指出："可将使用者带入特定的文化环境中，其中既有细节与全景并存的直接感官空间，又以游戏的方式建构了传统文化与现实生活的相关性。"① 作为社会生活的记录者和报道者，电视、期刊等媒介形式不负使命，虽然都有其局限性，但仍然担任着社会政治、经济、文化历史记录者的职责。传统媒体的文化传承功效有目共睹，其先进的储存和创新功能远超人类之前数千年的发展水平。新媒体时代的到来更是为文化的传播和传承打开了一扇门，以其固有的特点和功能将时代信息、社会规范、党政方针等在社会成员中传递下去。诚然，媒体有其主观性、片面性等局限，但仍能使普通大众在欣赏和愉悦的同时不自觉地接收到媒体所带来的文化传承。

第四，舆论引导功能。媒体是技术和人的结合概念，而不是一种纯粹的技术意味，固然尤其倾向性，所以其内容有导向性，从而引导群众去思考社会现状、去认识政治生态。媒体这一独具一格的特征，使其无论在人们生活中，还是在民族和国家的发展层面都有举足轻重的战略意义。特别是在当下国际舆论环境中，国际舆论挑战与制衡形式微妙，更加需要强大的舆论之盾维护国家主权和主流意识形态，如何帮助群众从

① 殷乐：《新媒体平台的文化传承：问题与对策》，《现代传播》2015 年第 12 期。

汪洋恣肆的舆论中鉴别真伪、辨识正误，将人民群众的精神力量汇聚到正确的轨道，共筑民族伟业，则成为能否正确发挥媒体舆论导向作用的重中之重。

第五，媒体的反向功能。新媒体的勃兴难以避免信息量"超载"，可信息超载不一定带来受众接受意愿的提升，反而可能适得其反，受众产生信息厌恶感。此谓之媒体的"反功能"，也可称为"负功能"。媒体反功能的表现千差万别，其破坏性影响程度也不尽相同，如何过滤，达到自身的"自净化"，形势之严峻不容忽视。

总而言之，在理路相近的整体布局中有具体分野，是新媒体和传统媒体关系的现状，新媒体和传统媒体互相催生、交互冲击、结构，再加以时代融合潮流助力新的整合模式的建构。

三　新媒体传播的当代特征

当代新媒体虽然继承了传统媒体的一部分理念、组织形式，行使着很多相同的职能，但是，毫无疑问，在传播学向度上分析，新媒体与传统媒体是有明显分野的，新媒体表现出更加独特的传播学时代特征。

（一）新媒体传播的技术特征

新媒体的技术特征，最重要表现为数字化。复旦大学学者张海鹰认为："信息传播技术的发展，改变了人类的传播环境，我们今天面临的是一个数字化的多媒体传播环境。"[1] 数字化是将所有信息变成可度量的数字信息，划归为用"0"和"1"表示的二进制数字，进行储存、刻录、传输和读取。传统的模拟信号，传播效率严重依赖电路传输环境，外部环境的杂波也会使传播信息严重失真。但是，数字化将这些问题彻底解决，理论上，二进制基础是数字化信息不会存在失真的可能。而且，数字化让同一时间传播的信息丰富性大大提高，不同信号冲突也从理论上得到彻底解决，在实践中效果上佳。

新媒体数字化特征所带来的优势，最突出表现为新媒体可以通过数字技术打破传统媒体固定的表达范式，可以同时使用图像、文字、视频、音频甚至模拟现实技术呈现一个信息。

---

[1]　张海鹰：《数字化时代的新媒体发展路径》，《新闻记者》2007 年第 12 期。

数字化还带来了传播的空间和时间的延展。从空间角度讲，传统模拟信号长距离传输会受到地磁、太阳电磁波甚至生物影响（例如电缆被生物咬损），很容易出现信号失真或者信号之间互相混乱。新媒体通过数字化实现无损传输，这超脱了传统信号传播受损的局限，可以保真长距离传输，不受地球磁场、太阳电磁波等干扰。从时间上来说，二进制在储存器中会以凹凸（分别代表 0 和 1）的物理形式存在，形式极为简单，0 与 1 区分明显，理论上没有混淆的可能，长时间储存不会出现信息失真和质感降低，这都让信息传播可以更大程度上突破时间的限制。

（二）新媒体传播的交互性特征

新媒体是基于多主体共同建构、分享和改造信息的动态过程中发挥其作用的。因此，新媒体的一大传播学特点是交互性。在新媒体时代，新媒体主体的外延不再明确，它们不再限于传统媒体的主体形式，例如通讯社、电视台或者杂志社等。Facebook、Twitter 等网络媒体平台，信息主体和受众几乎同一，在中国当下，各种朋友圈、各种空间里，信息创造者、分享者、信息接受者都是处于平等地位的普通网友。

从国际和民族角度看，传统的国界和民族的相对封闭性被打破，不同国家和民族不再是单纯强化原有意识形态和固有文化格局，而是愿意采取更开放的态度接纳和理解其他文化体的影响。新媒体不像传统媒体一样具有严格的审查制度，传播主体也并非一定具有比较专业的背景，而且不再遵循一定的范式。所以新媒体对不同文化的传播显得更加生动和灵活，受众接受意愿呈现增长，减少了不同文化之间交流的抵触。

从对传统媒体的影响来看，新媒体让传统媒体改变思路，更愿意引进交互式的传播方式，注重受众反馈机制的建立和运行，举办一些普通群众主导的节目和活动，引入公众评论板块，媒体组织担当一种辅助性角色。例如主要互联网媒体，以新浪、搜狐为代表，完善评论功能，使新闻和热点的相关网友评论成为重要的信息交互地。很多代表一定时期社会焦点的"热词"，往往来自于各大门户网站的评论区。

新媒体的传播学交互特征，不仅是新媒体自身的特征，更成为社会平等、包容、和谐、共进的重要助推。阶层、等级、职业、地域等多重壁垒逐渐被突破。虚拟世界中的包容、和谐映射到社会中，推动了社会人际关系重构，起到了社会"解压阀"的功效。

（三）新媒体传播的国际化特征

媒体本身就包含着信息扩散的属性。复旦大学学者朱春阳指出："国际化就是新媒体经济的规划蓝图和奋斗目标。"[①] 传统媒体时代，就形成了覆盖全球的电视直播信号、广播信号网络等，很好地诠释了全球传播的大趋势。而且形成了美联社、法新社、路透社等著名通讯社，通过集成多种媒体的优势，第一时间向全球抢发信息。

新媒体生而具有的地域突破能力催生了其国际化的内在品格，却是传统媒体所不能企及的。例如电视信号，通过网络平台，让受众有了更多的选择，而不局限于本国的电视转播信号。在国内，网络新媒体平台，例如 English Radio、龙卷风收音机等，汇集了世界所有广播信号，进一步打破各国的局域传播，形成全球联网的传播新模态。

新媒体的传播国际化，并非只有直接显性的表现，其对政治、经济和文化的国际化、全球化的推动也是不可忽视的。新媒体加温了意识形态话语权的争夺程度，普通民众也可以向全世界发出自己的政治呼声，在主要文明国家，几乎很难再看到野蛮镇压民主活动的踪影，这和新媒体造成的信息传播国际化密不可分，新媒体的国际舆论生态中，民众的民主政治活动很容易就引起国际社会的广泛反响和积极回应，社会舆论的压力使镇压活动出现的概率大大降低，国际民主政治运动也有了更强劲的动力。新媒体国际化也是各国彰显国家软实力的重要途径，我国在这方面有待提高，中国社科院学者刘尚超认为："我国媒体语言传播中规范性不强、渠道较窄、国际化水平低。"[②] 这都需要在政治上重视新媒体国际化特征的正确引导。新媒体的传播国际化，也有效地打破了诸多信息壁垒，使经济主体更加平等、高效地参与竞争，从而更有利于建设国际经济与贸易新秩序。在文化方面，新媒体让学习语言、了解异域文化已不是难事，外语学习和外国文化的资料唾手可得。以上三个方面，都是新媒体的传播学国际化特色在实践领域的深度拓展。

---

① 朱春阳：《新媒体经济：效率竞争、创新榜样与国际化示范——从产业经济制度变迁的视角看新、旧媒体之争》，《新闻记者》2007 年第 11 期。

② 刘尚超：《如何通过媒体语言传播来提升国家形象》，《西北民族大学学报》2015 年第 6 期。

第二节　媒体中的马克思主义大众传播历史

历经历史风沙而弥新的马克思主义大众传播，在不同的国家和文化圈，形成了丰富而美丽的画卷。马克思本人就非常重视通过媒体宣传自身，拓展受众，并反观自省，完成自我修正。从马克思开始，马克思主义的传播手段和传达路径就在与马克思主义基本内涵同步增长，变革传播方式，不断创新。在中国，马克思主义传播有近百年的历史，传播方式也在不断完备和系统。当代世界，以数字技术、光纤技术、网络技术等作为技术保障和物质基础的各种新媒体平台登上历史舞台，包括早期的 MSN、QQ、网页，以及新传播界"新贵们"如 Facebook、Skype 等，为马克思主义大众传播提供了新的空间。新媒体时代，马克思主义大众传播需要根据时代变迁做出新的发展。

一　传统媒体中的马克思主义大众传播历史

马克思主义在传统媒体时期，就开始谱写自己大众传播的历史。马克思主义的传播和发展，是与传统媒体密不可分的。通过分析传统媒体中马克思主义大众传播的历史，可以一窥马克思主义大众化的内在传播品格，从而更好地分析当代新媒体视域下马克思主义大众传播的范式转换和时代特点。

（一）马克思、恩格斯和列宁时期

马克思从青年时期，就重视运用媒体工具传播自身思想，为工人阶级和劳苦大众争取利益。在马克思活动初期，比较有影响力的有《莱茵报》和《科隆日报》，其中《莱茵报》是马克思直接负责的。在《莱茵报》时期，马克思借助该报发表了《摩塞尔记者的辩护》《〈莱茵报〉编辑部就有关共产主义的论争所作的说明》《关于林木盗窃法的辩论》等著名文章。成熟时期的马克思更加重视推动自身思想大众化，增强共产主义宣传攻势的工作。这时期，马克思出版了大量专著，以书籍的形式向无产阶级传播科学社会主义思想，引起无产阶级的共鸣。在1848年4月，马克思和恩格斯在创办了《新莱茵报》，马克思对《新莱茵报》的意义给予了高度肯定。在《新莱茵报》最后一期，马克思和恩格斯大声疾呼："《新莱茵报》的编辑们在向你们告别的时候，对你们给予他们的同情表示感谢。无论何时何地，他们的最后一句话始终将是：工人阶级的解放！"①

列宁时代，在继续使用传统纸媒巩固思想阵地的同时，发展了当时的新兴媒体——广播，列宁非常重视俄国的广播建设。当时俄国广播覆盖面积有限，但可以通过奥地利的广播站实现中继，进而向全欧洲转播，其中布尔什维克战胜克伦斯基的消息就是通过广播向全欧洲通报的。

马克思、恩格斯和列宁通过传统媒体传播自身思想，起到了多方面效果：

第一，培育了马克思为代表的无产阶级革命先贤多元能力和经验。马克思针对林木法案，借助《莱茵报》所提供的平台，进行了深入实地的调查，很好地培养了马克思重视实践、实事求是的品格，为马克思、恩格斯后期理论品格的锻造提供了很好的经验积累。

第二，宣传了共产主义思想和科学社会主义理论，直接、有针对性地、强有力地回击了各阶级对共产主义理论和工人运动的不解、误读甚至是诘难，巩固了共产主义的理论阵地，构筑了工人运动的舆论地基。

第三，提高了无产阶级的觉悟，使无产阶级有了可追随的统一思想，为无产阶级各级组织建构，催生有利于无产阶级的层次水平和组织准度提高的生存空间，并指明了共同行动的准则。

（二）中国革命、建设和改革时期

中国共产党早期领导人非常重视媒体工作和舆论战线。在陈独秀转向马克思主义之后，重组《新青年》组织，确立新原则，为传播中国共产党的方针和理想提供了巨大帮助。毛泽东在加入中国共产党之前，就曾创立《湘江评论》，宣传资产阶级民主自由思想。毛泽东在加入中国共产党之后，发表多篇文章，以出版书籍的形式在党内外广泛传播，引起了极大反响，匡正了很多人对马克思主义和中国革命现状的误解。在国共合作时期，毛泽东负责主编的《政治周报》创刊，扩大了中国共产党的影响力，成为中共宣传工作历史上的又一个经验和成就的

---

① 《马克思恩格斯全集》（第6卷），人民出版社1998年版，第619页。

洼地。

抗日战争时期，中国共产党以《新华日报》为宣传平台，一方面宣传了抵御外贼，保家卫国的政治立场，揭露了蒋介石"攘外必先安内"政策的险恶用心，维护了民族抗战的大局；另一方面树立了共产党深明大义、亲民爱民的光辉形象，为团结各阶级联合抗日，以及日后共产党队伍的持续扩大构建了良好的舆论环境。中国共产党还围绕《新华日报》创立了《团结》《友声》《边鉴》《日本研究》《青年生活》《妇女之路》等副刊，内容涉及统一战线、外交、地理、历史、妇女工作、共青团建设等。1940 年 12 月 30 日，在延安西北的王皮湾村，中国共产党创建的第一座广播电台——延安新华广播电台开始播音，构建了多种类型的舆论平台，既可以全方位宣传共产党的形象，又能够满足解放区群众获取信息的需要。

新中国成立后，中国共产党建立了完善的媒体传播体系，涵盖了广播、电视、报纸、杂志、传单等多样传播渠道。纸媒方面，在 1949 年前，中国共产党已经整合成型两大机关报——《人民日报》和《光明日报》，新中国成立后，创立《红旗》杂志（后改名为《求是》）和《经济日报》等具有全国影响力的报刊。地方层面，广东省委机关报《南方日报》，时至今日已经发展成南方日报报业集团，旗下《南方周末》《南方都市报》和《21 世纪经济报道》业已成为具有全国影响力的平面媒体，在贴近生活、关注百姓的亲民形象中，也保持了高度的政治性和原则性，是我国传统党媒发展的典型。山东省委领导下大众日报报业集团和上海市委领导下的解放日报报业集团的发展也体现了极高的发展水平。电视方面，中央电视台和各级地方卫视，都已经实现了商业化、市场化运作，逐渐实现了公司制的运营模式，工作效率和节目水平明显提高。广播方面，中央人民广播电台也已经实现多频道、多语种向全球播报，实现二十四小时中继、全球领域覆盖，传播效果显著提升。

传统媒体的不断优化和进步，也在不断提升马克思主义大众传播平台的质量和高度，让大众更愿意主动接受马克思主义的熏陶，减少距离感和抵触心理，把马克思主义的心理穿透性提到新高度。

二　新媒体时代的马克思主义大众传播历史

新媒体产生年代较近，故而新媒体时代的马克思主义大众传播历史也就较短，但是由于新媒体巨大的生命力和鲜明的传播特点，短时间内新媒体对马克思主义大众传播即产生了巨大影响。

中国最早参与网络建设，是在 1989 年启动 "中关村教育与科研示范网络" 项目，这象征着中国正式建设无线网络。但是，那个时代的网络，只是在特殊单位内部，适用于特殊工作的局域网。直到 1994 年，中国才以 "中国科技网"（前身即 "中关村教育与科研示范网络"） 为接入口，与国际 Internet 实现接通，中国正式接入国际互联网。彼时，国际互联网仍只是停留在官方运用的阶段，中国马克思主义可以通过中国科技网在世界范围内实现有线传播。1995 年，以张树新创办 "瀛海威" 网络服务器为标志，中国互联网真正进入民用时代，百姓可以接触并使用互联网。中国主要党政媒体开始介入互联网，1997 年 7 月，人民网创建成为矗立于中国马克思主义传播中的一个丰碑。同年 11 月，新华网开通，马克思主义大众传播平台进一步巩固和拓展。随着人民网和新华网综合化程度的不断提高及其合作平台的延展，马克思主义大众传播链条趋向无限。但是，以人民网和新华网为代表的网络平台，已经渐趋同于大型综合门户网站，专业化程度降低，2006 年，中国共产党新闻网正式运行，与其他综合类门户网站形成良好的互补。

网络是新媒体的基石和依托，但是新媒体的形式远超简单的网页。新媒体时代马克思主义大众传播不断利用新媒体的多元形式，拓展传播渠道。例如国务院通过中国政府网拓展了多元途径，从 2013 年 10 月起，"中国政府网官方微博和官方微信就已在新华微博、腾讯微博和微信开通"[①]。

除此之外，传统马克思主义大众传播门户也纷纷革新，开拓新媒体平台。以中央电视台为例，创建 CNTV 网络直播平台，将电视搬入网络，这种网络与电视的结合不是简单地植入，而是传统媒体运营方式和表现方式的新变革，更加灵活的节目编排和更丰富的影像资料，汇集于网络。同时，中央电视台也利用微信、微博等平台开展活动，增强互动性，以克服传统电视单向信息传输的僵化模式。

---

① 　新华网：《中国政府网已开通四大官方微博和微信》（http：//news. xinhuanet. com/politics/2013-12/18/c_ 118601344. htm）。

总而言之，新媒体时代马克思主义大众传播在短暂的历史中取得了显著的成效，很好地回应了时代变革和公众诉求，并且重视创新，为进一步变革做好了思想准备，预留了空间。

第三节　当代马克思主义大众传播

党的十七届四中全会通过的《中共中央关于加强和改进新形势下党的建设若干重大问题的决定》，把马克思主义中国化、时代化、大众化放入当下政治生态培育和社会空间建构的整体规划中，并作为中轴串联社会主义建设的多维方面。在当下，新媒体可以担负更多的历史定位，成为马克思主义传播的新途径，担负起马克思主义"三化"过程中的脊柱角色。马克思非常重视媒体传播的作用，认为媒体"无所不及，无所不在，无所不知"①。马克思对媒体作用的表述，恰恰反映了马克思主义本身就包含对媒体传播的理论诉求。

一　当代马克思主义大众传播的基本内涵

马克思主义大众传播的内涵所涉维度众多，既包括马克思主义本身的内涵、特点和传播要求，还内含了中国共产党和中国人民在马克思主义大众传播史上的历史逻辑脉络，由此，马克思主义大众传播已是一个具有历史背景而绝非空谈的概念。南京师范大学学者王磊认为："马克思主义中国化的前提和起点是马克思主义在中国的传播。"② 立足于现实，既可以从马克思主义大众传播主客体、马克思主义大众传播历史阶段分期，也可以从国家政策、学界研究和公众认知等不同角度对马克思主义大众传播进行内涵剖析。

马克思主义早期传播所形成的理路框架其对当代马克思主义大众传播基本思路的烙印不容忽视。马克思主义起源于西欧，它的产生有其具体的政治、经济、理论、民族、文化等多方面背景，其早期传播的特殊内涵和基本形式也有其特殊烙印。马克思生于工业革命欣欣向荣，大工

---

① 《马克思恩格斯全集》（第一卷），人民出版社 2006 年版，第 179 页。
② 王磊、王跃：《论五四时期的"主义文化"对马克思主义在中国早期传播的影响》，《中共党史研究》2011 年第 10 期。

业化迅速推进的时代，但西欧和中欧（马克思主要活动所在地）经济成分和形式差距较大，新工业和旧封建庄园并存，部分封建领主转型为资本家，土地资本向机器资本转化，但传统封建土地经济形式的惰性依然存在，新兴资本家和旧封建庄园制的经济矛盾使无产阶级和资本家的矛盾在一定程度被遮蔽。彼时，无产阶级还未明确意识到是否反抗剥削的问题，反而是考虑被谁剥削的问题；政治上，在相对民主自由的西欧诸国和封建制荫庇下的中欧国家相互对立的政治环境下，虽有工人阶级的觉醒运动，如三大工人运动以及后来的巴黎公社时代，但不同的政治矛盾交错，主流发声权的争夺悄然之中日益升温；文化上，法国人鼓吹自由平等博爱，德国古典哲学只能在私人空间悬挂法国革命思想家卢梭的画像，黑格尔也只能用绝对精神的自我运动暗示变革的可能，主奴意识意味着某种程度的觉醒但又只能停留在字面的无可奈何，新黑格尔派在博士俱乐部（后期吸收马克思作为成员）中更加直白地把黑格尔的早期变革理论引向现实。马克思要在资产阶级和封建领主的论战中发出第三种声音，必须使马克思主义早期传播具有极强的战斗性；在民族问题上，首先是民族国家的民族独立问题在很长时期内占据着欧洲的关注目光，马克思对民族国家的建立和民族解放运动（甚至关注了远东地区的民族解放运动）给予赞赏和支持，但民族运动在一定程度上会以民族的名义掩盖其中作为深刻矛盾根源的阶级矛盾。在民族解放运动中阐释无产阶级运动并将两者融贯到同一个进程中，用民族运动推动无产阶级斗争，也是马克思主义大众传播中需要拿捏的复杂问题。综上，在马克思主义大众传播的早期，其内涵意味着理论斗争的矛头尖锐，需要处理较多的矛盾和冲突，并在其中彰显无产阶级运动的基础性地位。"中国早期马克思主义者在比较、鉴别和交锋中选择了马克思主义的基本学说"[1]，理论交锋也比较具有针对性，形式直白而激烈，载体主要限定在报纸和理论专著两方面。

中国共产党在马克思主义大众传播实践中，也经历了不同阶段的探索，形成了秉承马克思主义大众传播基本品格又独具鲜明中国特色的内

---

① 王磊、王跃：《论五四时期的"主义文化"对马克思主义在中国早期传播的影响》，《中共党史研究》2011 年第 10 期。

涵。中国共产党建党初期,马克思主义大众传播工作主要限定在马克思主义信仰者、先进知识分子、社会开明人士等阶层中,并未深入群众。以五四运动为契机,马克思主义大众传播必将基于不同的地基之上重构传播规划,其受众范围空前扩大,延展到当时中国的各个阶级中,空间绵延可谓空前。发展至此,中国马克思主义大众传播在与列宁在俄国的早期马克思主义大众传播具有较大相似性的同时,又因中国特殊国情,而独具中国特色。其一,从数量上看,农民成为马克思主义大众传播的主要受众。早期工人运动的失败以及井冈山道路的成功,使中国共产党的思想传播思路发生了革命性变化——要在一个农民占绝大多数的国家实现马克思主义的有效传播,需重新定位其主要受众;其二,面对抗日战争的民族危亡,有的放矢、灵活运用马克思主义相关思想成为传播的主流。因此,这一时期马克思主义中的民族国家理论在一定程度上要超过其阶级理论的传播强度。但是,新中国成立后的一段时间内,马克思主义大众传播的理论精华并未得以坚持,而是将毛泽东思想作为范本,照本宣科,僵化传播。这对马克思主义大众化的伤害不可估量,不仅影响了内容创新的进度,更造成了中国大众对马克思主义或多或少的误读,这种影响在短时间内很难消除。

当代马克思主义大众传播内涵在其历史积累的基础上焕发新生,兼具历史厚重感和时代新气象。一方面,当代马克思主义大众传播依然坚持传统马克思主义、马克思主义中国化的基本思路。基本方向上,在中国特色社会主义基本框架内;依然坚持马克思主义指导下民族国家的独立姿态;依然立足于现实具体情况进行马克思主义现实化应用;把握住马克思主义一脉相承的实践性、具体化、大众化和民族特色。特别是改革开放三十年来,将马克思社会变革的精髓与当代中国改革条件下的马克思主义新传播相结合,重新赋予了马克思主义大众传播新的理论内涵。

另一方面,当代马克思主义大众传播内涵也是基于中国具体现实、民族特点和时代要求并力求创新和突破。第一,在传播内容上,紧跟国家顶层设计的步伐,深刻领悟和坚决贯彻顶层设计的精神,在传播领域实现"和谐社会""五位一体""四风""四个全面""两学一做"等新理念的与时俱进,从而把主流意识形态的活力充分释放,使其更具有时代特点和即时说服力。前车之鉴，后事之师，反思往往能带来新路径的曙光，更是理论责任心的体现，因此，学界也对以往马克思主义大众传播方式进行了反思。复旦大学学者肖巍就曾指出："不能满足于它（马克思主义）作为意识形态居高临下的地位，不能满足于强势宣传的轰轰烈烈，马克思主义要深入人心，融入中国文化，内化为中国人民的精神状态和时代追求，仅仅靠灌输和政治运动是办不到的。"① 马克思不仅要有自己的基本立场，更要有适合当代的出场方式，学界的诸多探讨也丰富了马克思主义大众传播内涵的核心部分。第二，在传播主体上，在坚守和革新传统媒体领地的基础上，马克思主义大众传播主体也有较大变化，改革开放后，人们可以自己判断当代历史现实并进行较独立的实践，从而用自己的话语和形式创造性地解读和传播马克思主义，而且更注重传播的内容和实效而不是形式，更注重群众的深层次接受而不是表面附和。从广大群众生产生活实践和现实期盼角度去寻找马克思主义大众传播的切入点，效果往往超出预期，达到无意识的创新状态。因而，新媒体环境下，马克思主义大众传播主体内涵更多，他们通过一定渠道传播马克思基本原则和价值诉求，用马克思主义武装头脑，提高广大干部群众政治觉悟和思想道德修养。第三，在价值取向上，马克思主义大众传播将全球化思维融入其基本内涵之中。冷战时期，东西方对立严重阻碍了思想交流，即使苏联解体，冷战思维依然是很多人的思想桎梏。闭门造车使马克思主义大众传播的内涵远远落后于当今世界的发展，从而不能很好地回应全球化视域下的新问题。当代马克思主义大众传播则很好地正视了全球化潮流，突破了冷战思维和意识形态化眼光，针对当代国际潮流对马克思主义进行新的阐释，更能灵活应对新的复杂问题和挑战。

二　当代马克思主义大众传播的基本特征

中国化、时代化、大众化，既体现了马克思主义一以贯之的理论特征，又使当代马克思主义大众传播更加成熟、更具创新性，作为顶层设

---

① 肖巍：《当代中国马克思主义大众化的方法论问题》，《中国特色社会主义研究》2009年第4期。

计的重要一环创造了意识形态领域的基本架构。

（一）当代马克思主义大众传播更具有中国化的特征

马克思主义中国化的"真经"也是需要无数苦难的磨炼才能寻得。建党初期，传播工作主要接受共产国际的指示，以模仿苏联为主，其间略略受挫。经过一系列艰难探索和调整，才逐渐找到了适合中国的马克思主义大众传播途径。这一趋势到当代，其中国化程度越来越鲜明，越来越具有道路自信、理论自信、制度自信、文化自信。主要表现在：首先以更加强势积极的态度传播马克思主义，以更加积极的姿态阐释和展现自身，以更加建设性的态度拓展自己的理论视界和影响范围。习近平的系列重要讲话，从不同角度阐述了"人类命运共同体"的理念。这都体现了马克思主义积极地向时代、向国际社会、向人民大众主动彰显自我先进性和科学性的努力。当代马克思主义中国化的最新表现就是这种自信，"培养高度的文化自觉和文化自信，提高全民族文明素质，增强国家文化软实力。"① 其次，传统文化不再被当作一种包含异质性基因的存在出现在马克思主义的话语中，而是以更加包容的态度融合两者，使中国传统文化成为马克思主义大众传播新境界的不竭源泉。从表达方式上看，马克思主义大众传播要坚持通俗化，当然通俗化并不代表庸俗化，而是以符合民族特点的话语，从大众的历史视域出发进行马克思主义大众传播工作。中国传统文化作为中国大众成长的精神家园和历史视界，是一种广为大众接受的思维和文化体系。通过与中国文化相结合，以一种与大众同样的话语体系表述马克思主义，把马克思主义融入中国大众的精神历史格局之中。不仅如此，从内容上看，中国文化绝不是自绝于舶来的马克思主义，面对当下多元文化融合的趋势，两者都需要借鉴对方的特质为自己打破发展和传播的瓶颈。例如儒家，秉承"仁""亲民"等理念，这和马克思主义关注劳动阶级、为人类解放事业奋斗以及为人民服务等理论旨趣有相似之处，从而为马克思主义大众传播创造本土化环境做出贡献。尽管如此，在指导思想领域却不能有"二元论"的倾向，马克思主义应始终占据主导地位，马克思主义大众传播是

---

① 蒋乾麟：《谱写中国特色社会主义文化大发展大繁荣的时代篇章》，《马克思主义研究》2012 年第 1 期。

通过中国传统文化更好地实现自我，安庆师范学院学者罗本琦撰文指出："中国化的马克思主义在民族文化整合与发展中都具有不可取代的优势地位。换言之，直接主导 21 世纪民族文化整合与马克思主义发展的还是中国化的马克思主义。"[①]

其一，当代马克思主义大众传播更具有时代化特征。早期，马克思主义在中国是通过《向导》《政治周报》《劳动周刊》等报刊，以及新华社等专门通信部门进行传播的；新中国成立后，则建立起了比较完备的传播机构体系。如今，无论从传播模式，还是从传播内容，马克思主义大众传播都体现了超越以往的时代性。从模式上来说，马克思主义大众传播手段早已突破了体制内的束缚，或通过微博、微信等形式让马克思主义大众传播更加重视新媒体和自媒体，或通过制作品牌产品来革新马克思主义大众传播方式。例如，高校团委通过微信平台和产品设计创新马克思主义大众传播路径。福建师范大学团委的"小葵"系列传播体系，包括微信、微博和"小葵"名义的党团工作宣传册，以及手机配件、自拍杆等系列产品。这些举动打破了马克思主义大众传播理论灌输的姿态，马克思主义大众传播源之一的高校党团机构深入到学生生活之中，学生作为受众以共同生活的眼光审视这种传播中所表达的马克思主义新形象。从传播内容上来说，马克思主义大众传播更加直面当下热点问题，基于马克思主义基本价值取向给予平等的探讨和对话。之前的马克思主义大众传播姿态和角色定位有待商榷，往往基于高大全的说教者姿态，对一些与基本道德规范不能完全契合的社会现象进行批评和说教，强硬的定言形式的表达模式，指令化甚至说，命令马克思主义大众传播。如今，一些主流党报、团刊也开始讨论这些现象，例如，2012年 11 月的《人民日报》讨论"屌丝"现象，《中国青年研究》每期都会开辟时下热点词汇探讨专栏，等等。这些报道和评论大多都是以平和的心态，理智地分析这些现象的产生背景、价值取向并提出建议和意见。甚至，国家领导人也使用"蛮""给力""点赞"等一些之前认为不适合马克思主义语境的话语。这恰好是马克思主义大众传播需要不断

---

① 罗本琦：《马克思主义中国化与民族文化的整合和发展》，《当代世界与社会主义》2006 年第 1 期。

紧跟时代步伐的内在反映。如果把马克思主义中国化抛入淡化时代与现实的幻想中，自我陶醉，马克思主义就真的成了象牙塔中的教条和口号。只有紧跟时代，在坚持原则的基础上接纳时代的思维和语境，马克思主义大众传播内容才能减少意识形态化的格式化思维，增添理性分析的建设性内涵。

　　其二，当代马克思主义大众传播更具有大众化特征。雄厚的群众基础一直是马克思主义赖以生存并区别于其他意识形态理论的重要辨识。从新青年时代、五四运动、工人运动到根据地宣传，最后将火种洒向广大农村。在此传播过程中，逐步认识到"马克思主义只有掌握群众才能实现精神力量向物质力量的转化。这就是说，马克思主义大众化是马克思主义实现其价值的必由之路"[①]。在当代，中国共产党对马克思主义传播亟须保证其大众化有着深刻认识。党的十七大报告指出："开展中国特色理论体系宣传普及活动，推动当代中国马克思主义大众化。"[②]这要求马克思主义大众传播也应遵循大众化的取向，具体可分为大众化的传播指向、大众化的传播姿态和大众化的逻辑思路。马克思主义必须在夯实受众基础的形式上实现有效传播，避免自说自话，官方稿件形式化、僵化表达，方式上局限于会议和报告，少有深入群众、就地调研，缺少直面大众的、具有互动性的直接传播；体现在大众化传播姿态上，要以倾诉者、探讨者的身份与受众进行双向交流性传播，不能认为官僚化、指令化姿态就是与马克思主义原则相匹配的表达形式，认为亲和力和工作的严肃性不可协调，以大众中一员的身份表达自己的信息；体现在大众化逻辑思路方面，在衣食住行的生活日常中贯彻主义，拒绝空谈马克思主义，实现马克思主义与大众思考的结合点，从而把传播的重点放到这个结合点上，做到事半功倍，增强受众接纳的自愿程度，防止流于表面。这三方面的工作都有其相同的逻辑起点，即对当代"大众"的深刻认识和分析。"大众"概念从来不是既成的，而是变化的。坚持意识形态基本方向的前提下，针对具体的社会结构重组，分析"大众"

---

　　① 胡相峰、赵国付：《马克思主义大众化民族文化路径选择的方法论》，《马克思主义研究》2012 年第 5 期。

　　② 《胡锦涛代表第十六届中央委员会向大会作报告》，《人民日报·海外版》2007 年 10 月 16 日。

的新的社会架构形式，由此，方能洞察到马克思主义受众群体真正具体化的、更加细致的需求，从而精确定位马克思主义大众传播的具体内容、革新手段，靶向传播，有的放矢。

第四节　新媒体推进当代马克思主义大众传播的重要意义

新媒体本身没有价值属性，但是，新媒体可以纳入意识形态空间之内。当代马克思主义大众传播正处在紧要关头，亟须创新手段、丰富形式、提高传播效果。要实现以上几重目标，必须有效地利用新媒体，将马克思主义大众传播提升到新的层面。

马克思主义不惧怕对话与开放，而是将此视为自己的活力源泉。新媒体时代，在多重历史助推力下，马克思主义传播获得了新发展，彰显出新的特点：主客体之间的交互关系发生了重组，抽象理论和经典文本逐渐通过新的媒体形式大众化等，这些都影响了中国特色社会主义的推进以及马克思主义主流价值观的引导，从而使之成为重大的时代课题。

一　有助于发展和创新马克思主义理论

江泽民指出："创新是一个民族进步的灵魂，是一个国家兴旺发达的不竭动力，是一个政党永葆生机的源泉。"[1] 因而，处于新的国际格局和国内形势的中国共产党和马克思主义理论界，必须把继续发展和创新马克思主义作为工作重点。苏州大学学者夏东民指出："马克思主义不仅本身是理论创新的成果，而且具有与时俱进的理论品质，它是一个开放的、不断发展的理论体系。"[2] 新媒体为当代马克思主义大众传播，为发展和创新马克思主义理论提供了新的突破点和路径。从传播学的理论维度来考察，毋庸置疑，马克思主义的每一次理论质变，都是马克思主义在适应中国具体国情和时代变化基础上的传播理念、传播方式、传

---

[1]　江泽民：《全面建设小康社会，开创中国特色社会主义事业新局面》，《人民日报》2003 年 11 月 9 日。

[2]　夏东民、陆扬：《论马克思主义中国化理论创新及其核心要素》，《马克思主义研究》2011 年第 11 期。

播主客体互动模式的嬗变。马克思理论创新很大程度上是基于对传播及反馈的评价而做出的变更。中国的马克思主义理论不是闭门造车的产物，特别是在大众广泛接受的新媒体作为重要传播途径的时代背景下，马克思主义理论创新更为具体化、具有针对性。例如，"八荣八耻""老虎、苍蝇一起打"等脱离原则性方针的语言方式，更多地具化到日常国家机构运行和百姓生活细节中。

新媒体推动下的马克思主义大众化传播，因其自身特点，为马克思主义理论发展和创新注入了新鲜血液。交互性、开放性、多模式性、草根性是新媒体传播的显著特点。交互性推动马克思主义理论走向平等对话的维度。通过受众的积极互动、分析反馈，创造出新的具有建设性的指导意见，语言平实，贴近人民生活；开放性推动马克思主义理论接受新思想和新的话语体系。新媒体让马克思主义理论迅速遭遇全球化、市场经济、新兴价值观、社会阶层重构等挑战，迫使马克思主义理论研究者对传统理论特别是一些具有惰性的理论框架进行反思和重构，以使用新的思路和话语给予这些变革以强有力的回答，从而抓住世界和时代的脉搏；多模式性推动马克思主义变革自我阐释方式，以适应不同媒体和受众的诉求，并在不同媒体传播方式中与其他社会思想碰撞和比较，以使理论放在数字化、快捷化的信息时代不仅未被淹没，反而在与其他思想以及意识形态的比较中更能展现自身的优势和合理性，让公众用喜闻乐见又更具比较性的方式接受马克思主义理论；草根性推动马克思理论回归其本来理论旨趣和群众基础。马克思主义理论来源于对现实生活的注视和对无产阶级生存现状的关怀，它从来不是空中楼阁，有其坚实的群众基础。马克思主义理论只是将这种关怀和人民群众历史实践的理论加以升华，但在其理论建设中，有时会出现脱离群众，陷入空谈的歧路。列宁曾指出："生气勃勃的创造性的社会主义是由人民群众自己创立的。"① 而新媒体通过群众诉求表达的低门槛，很好地推动了马克思理论返璞归真，立足群众的理论本色。

新媒体的独立品质不能掩盖其所承载的背后推力才是其决定性因素。这种背后推力往往存在已久，但是在新媒体时代不是旧瓶装新酒，

---

① 《列宁选集》（第 3 卷），人民出版社 1995 年版，第 381 页。

而是有了真正的释放形态，契合了马克思理论发展和创新的要求。首先，最直接的背后推力是包括物理技术和管理技术在内的技术变革。无论是将三大发现定位为自己的自然科学基础，还是在《资本论》中对计时工资和计件工资等管理技术的变革，马克思主义从来都把技术变革作为社会发展的动力。反观当下，马克思主义学界犬儒思想有抬头之势，甚至抛弃实践品格而坐而论道，马克思主义经典文本研究欣欣向荣，却鲜有分析当下技术变革与马克思主义理论发展之间的关系。个中原因诸多，一是社会科学领域作为马克思主义学科建设的着力点，为时已久，长期与技术发展研究脱节；二是在文理分科的基础教育制度下，文理专业的分野和壁垒，降低了马克思主义理论工作者对技术发展变革的重要性缺乏敏感；三是国内马克思主义理论研究的整体范式也未将技术发展作为重要结构。新媒体恰恰为马克思理论重新对技术变革所产生的影响进行分析，并为推动自身新发展提供了契机。其次，新媒体的发展代表着不同社会阶层的诉求。在新媒体环境下，不同阶层的人都有其话语权，这种话语能力的释放使诸多阶层都有机会表达自己的声音。反过来，这也大大推进了新媒体，特别是自媒体的繁荣。这种多元化声音的表达和多种力量的彰显，使马克思主义理论在针对不同阶层特别是新兴阶层的特点和诉求受到挑战的同时，也及时提供了当下社会阶层重构的即时信息。长期以来，马克思理论建设者一方面往往就职于政府机关和高校，有种居于庙堂之上的姿态；另一方面，马克思主义经典文本重点是对阶级而非阶层进行详细剖析，从而使阶级划分逐渐模糊、阶级矛盾逐渐淡化、阶层区分和阶层利益冲突日益成为当下社会普遍而棘手的问题。所以，马克思主义理论更需要在坚持基本原则前提下，针对新形势，做出相应的理论调整。这种调整是具体地而非抽象笼统地向不同阶层诠释马克思主义的基本原则和时代性的新内涵，从而在思想上形成新的"统一战线"，以保证马克思主义在意识形态的主导地位。再次，新媒体发展也象征着不同国际力量的角逐。新媒体的发展进一步打破了信息国界，不同国家都可以通过新媒体这一低门槛、低限制的方式传递自身的意识形态。与此同时，国际资本跨国流动，通过控制一部分新媒体平台，使互联网审查不能完全有效进行。从这一点来看，单纯地通过完善新媒体管理制度和技术手段难以完全阻止国外不良企图和国内反动思想的传播，唯有加强主流意识形态的自我建设和说服力才是治本之策。

新媒体视域下马克思主义传播的大众化，为马克思主义理论发展和创新成为涉及国际形势、时代背景、社会阶层特征和复杂价值取向等多重领域的新的重大时代课题，提供了新的契机。在此背景下，马克思主义创新和发展受多重影响，是一种交叉理论，但在现实中，这却是一个集中多元力量的单一表现，表现为某个独立的事件或者潮流。这种两极性让研究的复杂性和现实中的具体认知及操作变得棘手，对其讨论也难以周全而准确，并且永远处在动态和容纳新问题的途中。新媒体概念不断被重新解读，多方推动力特点的不断变化，价值取向不断变革和多元化，都使马克思主义理论在新的领域受到新的挑战。但是，有一点毋庸置疑，即当代马克思主义理论，无论是国家大政方针还是理论研究方面，成果显著，而且能随时间变化而不断做出调整，用新的方法和思维研究和思考新媒体视域下马克思主义理论的发展和创新。

二　有助于巩固和加强马克思主义主导意识形态

马克思主义大众传播有着重要的政治价值和意识形态指向，其根基在于马克思主义意识形态体系（包括马克思经典原则和马克思主义中国化具体策略），要求为了维护自身阶级需求和表达理论指向，将自己的价值观和利益诉求贯穿于话语之中，并通过一定的政治和制度保障，利用各种传播媒介传播、渗透和灌输以期教化民众，并为政治系统和整个社会系统提供运行的价值取向和总体规则。江泽民指出："必须用辩证唯物主义和历史唯物主义的世界观、方法论去分析和解决问题，使思想适应发展变化的新形势。"[1] 马克思主义大众传播通过新途径和互动方式的建构，为马克思主义主导意识形态提供了新的平台。

第一，马克思主义主导意识形态真实化。党中央强调："紧紧依靠人民，最广泛地调动人民群众的积极性、主动性、创造性，从人民中汲取智慧。"[2] 作为上层建筑，意识形态虽有其独立性，但其生命力不在于其自身，不通过更有效的载体进行传播并与群众互动，不保持马克思

---

① 《江泽民文选》（第 1 卷），人民出版社 2006 年版，第 246 页。

② 中共中央文献研究室：《十七大以来重要文献选编》（上），中央文献出版社 2009 年版，第 798 页。

主义与时代脉搏同律，保持与人民群众利益诉求相对应的回声，作为封闭立论的马克思主义，也就没有对意识形态领域进行主导的能力。如若诉诸政治推力或机制管控，将意识形态领域本身的问题通过外力解决，终究是逃避问题，无法让马克思主义理论本身从自身夯实其群众基础和传播能力，马克思主义主导意识形态的能力就会大大削弱，长期倚重国家公职人员和学院派知识分子亦非长久之策，更是与马克思主义的性格相左。不可否认，建构马克思主义理论、发展马克思主义理论中国化、稳固马克思主义主导地位是他们的工作和应尽之责，但他们并不具有广泛代表性，马克思主义理论建设者所处阶层的集中性，与日益增多、细化和不断重组的社会结构不能完全匹配。如此境遇，如若马克思主义不能主动了解阶层变化及其需求，那么就难免沦为口号。更有甚者，相关国家公职人员和高校马克思主义研究者由于各自代表了不同阶层的取向，难以形成一致的理论前进方向，即使在马克思主义建设者内部，也难以对马克思主义达成统一认识。

作为主导地位的意识形态，马克思主义既要求理论内部的一致性，又注重实际效用，否则难免会沦为一种虚假意识形态，一种无法理解的空洞理论。对马克思主义论建设者而言，这是一种争论不定的问题，一种缺乏深刻认识的理论，致使马克思主义成为一种难以理解的单纯宗教信仰式的东西。这就有沦为宗教一类性质的意识形态的危险，而宗教恰恰是虚假意识形态的典型代表。因此，必须要把马克思主义与宗教性质的理论区分开来，英国肯特大学学者戴维·麦克莱伦（David McLellan）认为，"马克思主义不是宗教，把马克思主义等同于宗教，不是轻率的，就是在概念上不严谨的"①。通过马克思主义大众化传播，多阶层、多社会团体的零门槛表达，马克思主义能够灵活及时地对当下时局和思想潮流做出靶向回应，从而成为一个贴近生活、贴近时代、贴近每个人的具有丰富具体内容的意识形态形式；马克思主义能够被不同阶层理解，更能够和各种诉求对话，而变成了活生生的、接地气的理论。

第二，马克思主义主导意识形态的现实批评性和斗争性。早期马克

---

① ［英］戴维·麦克莱伦：《马克思主义与宗教》，平川译，《马克思主义与现实》2014年第 6 期。

思主义经典著作，如《德意志意识形态》《反杜林论》等都具有强烈的现实批判性和论战目的。《资本论》也是在与古典经济学和庸俗政治经济学的针锋相对中开展自己的体系论述的。列宁和普列汉诺夫关于护国主义的论战，以及《国家与革命》对第二国际机会主义的批判等，都彰显了马克思主义的斗争性。在中国，关于马克思主义的现实批判性和论战性文章更是层出不穷。从《反本本主义》，到反对"两个凡是"，再到当下反"四风"，甚至对国内分裂势力、邪教组织的批判，无不彰显了马克思主义的铿锵性格。此外，西方马克思主义者，也会用《保卫马克思》《单向度的人》等作品去重新阐释马克思，以针锋相对地向攻击马克思主义者进行驳论。总揽全局的理论指向亟须进一步突出，这符合当下中国共产党的地位和马克思主义发展需要，也符合民族、国家的长远利益。例如，"三个代表""五位一体""中国梦"等都是作为纲领性、总括型概念高屋建瓴地指明了当下国家的前进方向。通过不断借鉴历史经验、总括当下、展望未来的总体性目光，马克思主义的内涵丰富化过程中的载入史册之举。然而，当代马克思主义宣传方式却尤显不足，主要以政策宣讲、报告和学者论文等作为途径宣传，而且明显缺乏现实批判性和斗争性。政治语言对总括性和周延性的需要，限制了马克思主义批判的锋芒和论战的指向性。值得注意的是，作为更广泛的政治实践，中层和基层政府机构依然机械沿用这些方针，而没有对其进行适合当下民风、形式和具体环境的具体应用。相反地，却是当作口号用来填充报告，不胜枚举，触目惊心。反观中国共产党早期基层共产主义小组活动，他们在接受中国共产党重要会议精神、共产国际和俄共（布）在华革命局的总体方针指导下，开展了与所在区域相适合的马克思主义传播方式，这都是足以载入史册的积极成果。这些成果的出现恰恰是针对现实问题进行批判性思维和斗争的结果。当代中国基层国家机构应当秉持这种思路，直面当下基层中出现的社会邪恶势力、反对势力和其他亟待解决的问题，而不是一味赞颂升平，甚至认为用马克思主义批判时下问题会影响政绩，破坏社会和谐。殊不知，和谐社会这种动态的稳定状态，正是对社会阴暗面不断进行批判和斗争的结果。

　　第三，从学界角度看，马克思主义文本解读、马克思主义中国化具体实现方式以及马克思主义针对当下问题方面的研究占据主流，这对大众深刻认识马克思主义文本以及其在当下中国实现路径方面大有裨益。然而，自身潜力的挖掘和应用新领域的建构终究是其自身内部的成长模式，需要对外在现实和反对声音做出强有力的反应，才能保持主流意识形态的强势地位。但是，学界对当下"全能神"等邪教言论的回应较少，高层次发表的阐述马克思宗教观及其对当下邪教思想的回应的相关文章更是凤毛麟角，完全具有针对性的这方面的国家课题甚至几乎没有，这是当下马克思主义学界的一个亟待改观的现象。不仅如此，对于一些比较流行但对马克思主义造成冲击的国外思想，当下研究者往往采取一般比较的方式进行批判。方法本身是合适的，但这种比较性批判往往只是存在于语义学、文本学和概念上，严重缺乏对不同思想产生的时代背景、阶级阶层分析和历史视界的解读，这使马克思主义的"现实批判性"仅仅沦为"批判性"。反观西方马克思主义者，如阿尔都塞、马尔库塞等人的批判更具针对性。例如在《单向度人中》，马尔库塞从科技、资本运营方式等十分具体的社会现象出发，而不是简单成为文字和概念领地的争夺。这种批判是基于具体现实的批判，这种斗争是基于现实的斗争。新媒体背景下的马克思主义大众传播则为马克思主义永葆现实批判性和斗争性的品质提供了契机。新媒体让包括学者和公职人员在内的马克思主义者正视各种"声音"，双向互动的新媒体运行模式也让双方必须有针对性地回答对方问题并提出自己的问题要求对方正面回答。形象地说，新媒体不是让不同集团隔空喊话，而是提供了一个真正的战场。马克思主义研究者必须驱除自身惰性，积极回答、提问并阐释自我立场，解构敌对势力的思想阵线，让马克思主义传播更具张力和说服力。

三　有助于创新和丰富马克思主义大众传播载体

创新马克思主义大众传播载体，就是要利用更多形式的大众传媒。大众传媒是一种信息传播的载体、途径或手段以及体制等的统称或者总称，它至少具有以下几个特征：传播内容的理论性，即不同于其他大众信息的传播，它是承载着先进理论尤其是马克思主义理论信息，面向大众传播主流意识形态的载体。传播对象的大众性，即通过这个载体实现先进理论从"理论家书斋"走向"寻常百姓家"，是面向大众进行马克思主义理论宣传、普及的平台。

第一，新媒体推动了马克思主义大众传播载体的形式创新。马克思主义在中国的大众传播从来都是不断创新载体形式的。建党初期，主要通过传单和报刊进行大众化传播，后来增添了广播、图片，新中国成立后逐渐通过影像资料进行传播，甚至在特殊时期使用大字报作为宣传手段。这些传播形式有其自身的局限性：一是载体数量有限，易集中管控；二是全部单向传播，遑论互动性；三是形式变革速度慢，包括从业者的思维体系固定化；四是形式的有限性和稳定性限制了内容的活力和变革能力。新媒体时代，传统马克思主义大众传播载体有了空前多的选择，这一时期的传播形式的数量甚至超过了历史上所有传播形式的总和，载体数量激增使有效管控变得困难，甚至无法完全做到；双向传播使原本传播主体也成为受众，原来的受众也成为传播源；从业者需要不断革新技能和工作方式；亟须转换语言体系，用新的话语表达自身理论。这些既是挑战，更是机遇。马克思主义在中国的传播从未被提供如此多样的途径和如此广阔的舞台，从一元到多维的历史性突破，可以在互动中建设自身，使当代马克思主义真正成为大众参与建设的属于人民的、基于人民诉求的理论。

如何将原载于文本之上的原理和思路诠释于新技术的表现形式之中，这涉及一个转译的问题，远非照搬这么简单。如果你在网络技术环境下，"重大推动力"远不及"给力"更有表现力；"支持"也远不及"点赞"更适合互联网这种技术的环境；"微信扫码关注"要求马克思主义传播的内容要更具吸引人"扫码"的欲望。技术形式的创新不仅仅是让马克思主义多了选择的渠道，更大程度上是督促马克思主义传播自身眼光和内容的变化。不过，从习大大"为人民点赞"，正如邓小平所说："农村搞家庭联产承包，这个发明权是农民的。农村改革中的好多东西，都是基层创造出来，我们把它拿来加工提高作为全国的指导。"① 当然，与此相类比，我们可以设想，技术形式创新对马克思主义内容和话语重构的反作用也不可忽视。

第二，新媒体推动了马克思主义大众传播载体的思维创新。广义上

---

① 《邓小平文选》第 3 卷，人民出版社 1994 年版，第 382 页。

理解，大众传媒远非只有报刊、书籍、电台、电视、网络等这些技术型概念，更为看中的是其身后的整个工作团队、思维方式、行业范式等整体联系性。所以，载体不仅是像工具那么简单，它也有自己的价值定位和思维向度，有其独立性。新媒体推动了马克思主义大众传播载体的价值新探讨和思维模式的重构。

传统的传播载体，工具化程度较强，更确切地说，是缺少独立思考和变革的能力，上传下达为其主要功能。而新媒体不仅拥有着过强的技术，最主要的是其背后的新生社会结构和团队新理念。与传统媒体不同，新媒体从业者不会被限制在体制内，他们需要新媒体来展现他们自己的理念、知识背景和选择。新媒体让整个媒体领域更加个性化，媒体运营团队烙印大于体制烙印，个人烙印比集体烙印更鲜明。这些都促使大众传播载体（作为包含人的整体系统）的思维发生变化。放置到马克思主义大众传播的视域中，这种变化更为鲜明，因为传统马克思主义的内容高度理论化和抽象化，主要是通过固定的模式和载体进行表达，使其大众传播方面显得僵硬而不具有渗透性，其灌输意味远大于思辨旨趣。故而，与这种传统印象相比较而言，当下新媒体语境中的马克思主义大众传播不仅要对社会热点和变化进行及时反馈和基于马克思主义的即时评论，而且微博、微信等平台还要被受众通过"@"的方式点名。新媒体让马克思主义大众传播从演讲变成圆桌会议，这不仅是方式的转化，更导致一种思维上的剧变。另外，从为马克思主义大众传播服务的新媒体从业者，特别是具有媒体专业技能和背景的人的角度来说，他们首先是新媒体的建构者，是首先作为新媒体人，之后被囊括于马克思主义体系及其传播要求之下的，他们有自己的专业素养，不断寻求新的独特的表达方式。如何用自己的理念和团队思维范式传达马克思主义将成为他们思考的不可避免的重要问题。由此，打破了传统媒体的不思考只传达的僵化思维。在媒体领域，主导的不再是技术而是操纵技术的人，单向信息输出的工作也不再受到他们推崇，马克思主义并非一种信仰，更像是一种智慧，一种思路，马克思主义传播也更像是多元化信息社会中的一个调节性的存在，以更高角度冷静观察和作出整体性判断的一种传播。

第三，新媒体推动了马克思主义大众传播载体的机制创新。"机制"一词主要是针对有机体而言，指的是有机体的构造、功能及其相互关系。从机械力学来看，是指机器内部各零部件之间的运作关系和原理。如今，这一术语已广泛用于各个学科的表述。"机制"通常可以做多方面理解：一是构成成分，一个机制所包含的各个实体及其组成方式；二是运行模式，不同成分和要素之间的相互作用；三是发生途径，亦即由各个要素按照一定原则组合起来的一个系统，实现自己对外的功能和表现。如此来看，马克思主义大众传播载体的机制也必然有其构成成分、运行模式和发生途径。机制的建立，是依靠体制、思维和技术三个层面的立体化作用才能完成。马克思主义大众传播恰恰在这三个方面突破了传统，多重媒体复合、多层次体制的建立，打破传统托拉斯式媒体布局和管理模式；不同平台，传播领域的横向拓展和纵向深入，结构化思维转向解构性思维，从单纯地立论到不破不立的传播思维的革新潮流；技术上超越简单的声、电、光等单极传播方式，以整合的技术手段重新将马克思主义理论向大众翻译。除此之外，从党对新媒体环境下马克思主义传播的宏观管理来说，目的依然是实现让当代中国马克思主义掌握大众、大众掌握当代马克思主义，投身于"中国梦"的实现和中国特色社会主义伟大进程中。在此目标总体规划下，中国共产党在思想政治教育和马克思主义理论创新方面积累了诸多有益经验，积累了较多的马克思主义部门管理者、学科理论学者和思想政治教育人才、部门行政保障人才等。"管理型""学者型""工作型"分层、分职能人才体系的建立，完善了比较成熟有效的思想政治教育运行体制，通过吸收和优化这些经验和既成方法，并用之于马克思主义大众传播，让原本仅仅作为工具的载体具有了新的内涵，从而形成更具雄厚根据的运行机制。这是一种厚积薄发的创新，更具有效性。不仅如此，马克思主义大众传播需要投入大量的财力、物力和人力，对于马克思主义传播载体而言，这些资源形成了强大的保障机制，提供优越的传播条件，载体的创新有了技术支持、人才输入和资金依托，才有不断的造血功能，从而实现持续不断的创新力。

四　有助于进一步具体化、通俗化、实践化马克思主义理论

一般情况下，马克思把大众定义为无产阶级，当然他的定义在后期

也有所扩大。马克思对"大众"定义的改变，恰恰体现了"大众"这一概念是一个在具体语境中，通过实践不断调整而得以通俗化表达的概念。马克思主义将"大众"这一概念纳入马克思主义的传播中，强调"大众"概念，就是要在具体化、通俗化和实践化方面做出发展和改变。

新媒体为推动马克思主义理论具体化提供了契机。"具体"作为一个唯物辩证法的关键范畴，其主旨是指具体问题具体分析，遵循从具体到抽象、从特殊到一般，经过高度升华，再结合实际，从抽象和一般的思维到具体的逻辑序列。所谓具体的观点，就是用条件性的目光观察条件下的问题和事件。在唯物辩证认识论的体系中，真理是核心概念，而真理却首先是具体的，这是其区别于传统西方哲学形而上学思想的关键点，亦即任何真理，都是具体的认识主体对具体认识对象在具体条件下所获得的认知。而大众化，作为马克思主义具体化的主体方面的要求，从本身来说，"马克思主义作为一种大道理、一种关于无产阶级和人类解放问题的'宏大叙事'，一种时代的哲学，大众不容易理解，不便以掌握"[1]。鉴于"大众"的多层次、多元化等特点，"大众化"不仅没有降低，反而提高了对理论工作的要求。因此，新媒体介入马克思主义，反而为马克思主义大众化提供了契机。"大众"是理论工作者在自己基本立场基础上，根据其目的和要求进行理论阐释以期对其产生影响的对象。它本身有客体的意味，但是他不是客体，而是作为生活实践中具体的活生生的个人。他们的生活实践构成了理论的真正来源，所以在这种互动中，理论工作者和大众具有了两种关系，既是形式上的主体对客体的关系，又是内容上的客体对主体的关系。旧的传媒形式凸显了前一种关系，而忽视了后一种关系；新媒体平台却让两种关系平等对应，从而使马克思主义大众传播建立在一种通畅的沟通环境之上。由此，这种大众化在真正意义上满足了理论有广泛社会实践根源，即大众掌握理论；同时，又让理论和大众生活密切相关，从而为大众广泛自觉接受，即理论掌握大众。这是马克思主义理论大众化的高层次归宿。

---

[1] 梁树发：《具体化视域中的马克思主义中国化、时代化、大众化》，《理论视野》2012年第9期。

　　新媒体为推动马克思主义理论通俗化提供助力。通俗化可以分为好几层意思,一是思路上的通俗化。马克思主义本身就明确将其理论定位在社会历史实践之上,这就决定了马克思主义不是封闭自满的理论体系,而是来源于通俗化的社会生活,并运用于通俗化的社会实践的理论体系。这种通俗化的导向,不仅是马克思主义的内在要求,也是将唯物史观中人民群众创造历史的基本原理进行现实化应用,并使之有生命力的内在要求。二是内容通俗化。马克思主义内容,在哲学方面并未延续西方哲学传统本体论的基础建构(如理念、实体或单子等)和认识论上的纯粹推演(康德等)。马克思主义本体内容和认识论本身就是具体生活事件本身,不同时期、不同国家的经济形势(如《资本论》或《巴黎手稿》)、具体的政治斗争过程(如《路易·波拿巴的雾月十八日》)、生产过程的具体组织形式等,都是大时代背景下通俗具体的细节。因此,它的内容不是玄之又玄,而是建立在与具体现实的对话之上的。三是实现方式的通俗化。德国古典哲学在实践中的极度懦弱与其在思想领域上的极度发达成反比,而马克思则一反德国传统,将自己的理论应用于具体的阶级解放进程和革命斗争。在中国化的马克思主义进程中,毛泽东思想的经典文本也是针对时局分析、军队建设、社会生产组织等具体问题进行的通俗化表达。例如,《愚公移山》《纪念白求恩》《为人民服务》这三篇被称为"老三篇"的文本,都是通俗地阐述共产主义理念的范例。正如邓小平指出的那样:"我们讲了一辈子马克思主义,其实马克思主义并不玄奥。马克思主义是很朴实的东西,很朴实的道理。"① 在当代马克思主义通俗化过程中,新媒体以其广泛参与性和集成海量信息的独特优势,既可以作为表达马克思主义通俗化价值取向的有效途径,使其以通俗地形式让理论与公众生活无缝对接,更能防止当代马克思主义殿堂化、学术化的错误取向。只有在新媒体这种信息庞杂的环境下,马克思主义才能不断地回答问题,防止不谙世事,以至于坐而论道的倾向。

　　新媒体为推动马克思主义理论实践化提供途径。在马克思之前,实践概念往往还不具有独立意义,它往往和经验、操作等概念含混不清。

---

① 《邓小平文选》第 3 卷,人民出版社 1993 年版,第 382 页。

在马克思的话语体系中，实践被赋予了全新的革命性含义。马克思主义起源于社会实践，发展于实践，未来还将会依托于实践，并进一步完善和突破自我。可以说，实践在马克思主义体系内具有近似本体的意味，是整个马克思主义的拱顶石。正如马克思所言："理论只要说服人，就能掌握群众；而理论只要彻底，就能说服人。所谓彻底，就是抓住事物的根本。"[①] "关于真理标准的大讨论"后，实践的地位更是被提升到国家原则的层面。在当代学界，有人呼吁"回到马克思"，这与实践性确实紧密相连，一方面，有的学者将马克思主义作为独立实体进行研究，却忽视其唯有在实践中才能进行诠释的根本要求，陷入了文本的咬文嚼字之中；另一方面，也更为重要的是，有些学者认识到前者亦即学术界的不足，以及具体国家政策的制定和贯彻并未完全反映当下社会现实的现状，所以他们也提出"回到马克思"等类似的诉求，让马克思主义理论者、共产党人重拾实践性的旨归。马克思主义中国化，众所周知，要加强对中国具体形势的认识，这是"流"的问题，只有投入实践，才能实现这种认识，这是"根"的问题。新媒体的出现，以其开放性和草根性，为马克思主义者接触更广泛的社会实践，倾听人民群众的声音，汲取人民群众的智慧，提供了切实有效的途径。更直接的是，通过新媒体进行马克思主义大众传播，本身就是一种最切实的实践。马克思创刊《莱茵报》，列宁的演讲和他在《真理报》担任编辑的经历，以及长征等革命运动在中国播撒革命火种、进行革命宣传的过程，都是马克思主义体系成长和丰富的过程。这种传播本身就是一个伟大而深刻的实践，而新媒体因其形式多样、传播迅速和良好的互动性，能让这种实践更深入、更多样化。

---

① 《马克思恩格斯选集》（第一卷），人民出版社 2012 年版，第 9—10 页。

第二章　新媒体背景下当代马克思主义传播的五维要素

　　传播是一种由主客体互动参与、协调推进的过程。主客体要素是有明确界分的，主体是传播的发起者、主导者；传播客体是传播的受众和评价者。但是，在新媒体时代，传播主客体的分野日渐模糊。传统的传播主体也积极应对受众的反馈，调整传播策略，主动获取受众的反馈信息，从而使传播主体具有了客体的特征；同时，传播客体也日渐主动，囿于单纯接受地位的境遇获得极大改观，主观上已经意识到自身在传媒生态建构中的新定位，有时候甚至能引领舆论。具体到马克思主义传播在既往历史上似乎固化的主客体，虽有历史形成的固定的主客结构，更有新时代新形势下的重新定位。关于新媒体背景下马克思主义传播主客体的重新探讨，对如何运用新媒体把时代的创造冲动和活力嵌入马克思主义的品格培育、如何运用马克思主义积极引导新媒体正向发展，都有重要意义。

　　在当下，强大的覆盖能力和强劲的穿透力所共同附着于的新媒体，成为马克思主义传播的新途径，是助力马克思主义的"三化"建构与发展的无可忽视的力量。马克思非常重视媒体传播的作用，他认为媒体"无所不及，无所不在，无所不知"①。这是马克思表述传统媒体所用的经典语言，而这种语言甚至无法形容新媒体所形成的突破和超越，当然，马克思对媒体作用的表述，恰恰反映了马克思主义本身就包含了对媒体传播的理论诉求。而在新媒体时代，媒体对马克思主义传播的效用被进一步放大，传播主体和传播客体都处于新的环境之下，二者本身颠覆性变更不容忽视，彰显出新的特点，体现为从单向传播到双向互动、

---

　　① 《马克思恩格斯全集》（第一卷），人民出版社 2006 年版，第 179 页。

从地位有差异到地位平等。同时，主客体的交互关系也发生重构，从主体主导注意力到主客体注意力动态变化、从马克思主义符号化传播到马克思主义内涵被阐释、传播主客体实践性增强等多重变化。新媒体时代马克思主客体的变化和交互关系调整的轨迹清晰可见。

第一节　新媒体视域下马克思主义大众传播的主体

主体是任何语境的开端，也是现实事件的发起者，如何定位主体，决定了对事态的规划、发展和评析。马克思主义主体观不同于以往西方主流的主体观，马克思在《关于费尔巴哈的提纲》中宣布："从前的一切唯物主义（包括费尔巴哈的唯物主义）的主要缺点是：对对象、现实、感性，只是从客体的或者直观的形式去理解，而不是把它们当作感性的人的活动，当作实践去理解，不是从主体方面去理解。"[①] 马克思反对空洞的理解主体的方式，马克思主义的主体不是指所有人，而是有其特定限制。主体是把实践作为自身特征的形成源，综合社会历史条件而存在的实体，以实践方式开展自身的活动，并能促进某种历史环境中的现实世界革命化。由此可见，马克思的主体是具有亲和力和积极性的个体，有其历史使命和特殊评价标准，需要追求这种标准的实现并承担历史责任。故而，可以说在传播领域，传播主体剥离自身幻想而落脚于现实社会历史，于现实的环境中进行传播和信息交流实践，创造性推进社会历史潮流的存在。马克思主义传播主体作为语言学生定语的增加，其外延必然小于主体并应进一步限制，具体是在不同历史环境中，通过实践重新诠释和实现马克思价值诉求，并以此推动历史进程和社会主义事业的主体。

一　中国共产党各级组织

中国共产党各级组织对媒体功能的承认和在实践中的落实可谓源远流长。"笔杆子"在中国共产党取得革命成功的过程中所起到的作用丝毫不逊于"枪杆子"，这是一种中肯的评价。中国共产党各级组织的传

①　《马克思恩格斯选集》（第一卷），人民出版社2012年版，第133页。

播工作具有较为活泼的节奏，可谓一座学术"富矿"，其工作开展在中国有其独特的历史发展轨迹。中国共产党领导下的传媒，不是所谓的西式自由媒体，其意识形态指向和国家整体布局有效组成部分的色彩浓厚，是引导大众在马克思主义指导下推动历史变革的使命。在中国，中国共产党的先驱们，首先是早期个别知识分子和开明人士，如李大钊等早期马克思主义者或者一些马克思经典著作翻译工作者。他们虽然还未以共产党员的身份活动，但其先驱开拓的历史定位仍需承认。从《新青年》开始，一些进步报纸会传播、关注无产阶级的立场，当时政治语言空间中马克思主义仍显稀薄，也没有明确的阶级概念，仅仅停留在《西国近事汇编》《万国公报》等一类如实报道西方工人运动和社会主义思潮的媒体。他们所进行的马克思主义理论的基本解读和传播，以及早期西方社会主义实践的报道，让中国语境中逐渐弥漫马列气息，了解了社会主义初期实践，马克思主义初步刻画在一部分中国人脑海中。经过初期传播和中国历史时局的推力，中国共产党各级组织可利用的媒体规模进一步扩大，集中体现在五四运动中。五四运动中，局势倒逼知识分子重新审视时局，马列从传入到扎根，相关刊物增多，如《湘江评论》等把马列思想播种于远离北京、上海等地区的知识分子群体甚至是一般民众中。更为重要的是，五四运动中，中国既成的社会分层已无法定义新出现的工人阶级，其独立姿态不容忽视，马克思主义从学院式传播发展为有阶级基础的广泛传播已成为可能。马列思想脱离学究之塔和学院的界限，而成为有现实阶级力量的社会思潮，其传播主体也增加了诸如工人领袖、革命派开明人士等多阶级人士。到建党之时，翻译工作的突飞猛进让马列经典瞬间大量涌入，如《科学的社会主义》《社会主义史》《马克思资本论入门》《唯物史观解说》《工资劳动与资本》等相继被译成汉语，并出现一大批解释马克思主义并以之分析中国当下时局的文章和专著。从红军时期至1949年期间，军队的战争革命活动是中国共产党开展马克思主义大众传播的主要活动。党组织通过新华社等媒体，甚至在特殊时期（如国共合作时期）借助国民党媒体进行马克思主义宣传。军队在作战和行军中宣传马克思主义，播撒革命火种，并配合实际的作战、生产和亲民活动，推进马克思主义和社会主义思想的传播。新中国成立后，中国共产党各级组织比较系统地建立了自己的传播体系，逻辑上，体系成熟的平台必然日益完善。

党内传播方面，中国共产党拥有 8000 多万名党员，组织庞大且地域覆盖广阔，"党内传播正面临着党员文化选择性增强、党内不良亚文化产生传播阻力、政党文化传播手段单一、党员队伍结构变化等新的挑战和考验。"① 所以更需要有整套技术支持和制度完善的传播途径，完成针对党员和干部的有关党的基本思想、基本原则、基本政策、基本指令的传播，以保证党内各方面信息的畅通和执行力。这种形式的传播，是具有基础核心地位的传播，既要总体地宏观规划，因此，创新也是其逻辑结果。党外宣传方面，主要是针对大众的传播，超越民族、党派和阶级的隔阂，纳入整体宣传布局。由于受众的广泛性和多层次性，很难用统一的形式、语言系统和思维方式去传达比较严谨的马克思主义。所以，党外宣传形式比较灵活，有政协、人大、党报党刊等传统方式，也有微博问政、政策短信群发等新形式。另外，中国共产党各级组织针对国外的宣传也有其专门机构，即中共中央对外联络部和对外宣传办公室。除了这两个部门以外，还有领导人出国访问、参加国际会议和民间团体交流。另外，承办诸如奥运会等大型国际活动，也越来越频繁地成为中国共产党宣传的新形式。中国共产党要承担时代和人民赋予的使命，面对国家软实力亟须增强的时代需求，面对中华民族伟大复兴的光荣任务，各级组织更要紧紧把握时代脉搏，掌握传播艺术和手段，形成强大的传播气势，真正成为新媒体马克思主义大众传播中的中流砥柱。

二　大众媒体信息发布者

大众媒体信息发布者中最前沿、最具代表性的是各种形式的党媒。东北林业大学学者姜帆、刘经纬指出，党媒生态将面临纪元变革："党的任务和国家的形势有了很大的变化，不再以阶级斗争为纲，经济建设成为中心，资讯传播技术的迅猛发展，报业经营管理的市场化和大量报业集团的涌现，使党报等传统党媒面临着新的形势和众多新的问题。"②

---

① 丁卫华：《新时期提升中共政党文化党内传播力问题探究》，《理论导刊》2013 年第 7 期。

② 姜帆、刘经纬：《党媒对推进马克思主义大众化进程的对策研究》，《中共宁波市委党校学报》2014 年第 6 期。

从广义上讲，各级政府门户网站也是理论宣传工作者所掌握的媒体平台，但由于他们更多的是实行信息汇总和上传下达，其作为媒体的功效不够完整，理论功效更是弱，所以只是作为"狭义党媒"的延展而在当下的讨论中出场。"党媒"特点可归结为两方面，一方面，在硬件和形式上，新媒体属性成熟、完善并紧跟潮流。中国共产党有比较完备的资金链和相对成熟的人才体系，所以在技术、资金和政策方面占据比较优势。强大的多重保障、完善程度和占据优势的推广动力，足以保证党媒在硬件建设方面先进有效，极尽新媒体的硬件优势。另一方面，在软件和内容上，由于受限于自身固化思维、体制化语言、执政党地位和马克思主义的严谨理论特色，党媒难以用新媒体时代的方式、思维将马克思主义转化为大众广泛接受的理论。与商业新媒体相较，在版面设计上，党媒比较中规中矩，无法灵活使用版面语言，公告板的性质明显。在报道侧重点上，党媒和商业媒体虽然都会关注党政和社会大事，但是党媒重视专业分析和深度透视，常有专家学者和特约评论员进行点评，但是图片和视频偏少，缺少直接视觉冲击力；商业媒体往往更重视视觉冲击，文章片段仅仅算一份通讯，专家点评和深度挖掘往往缺失。在互动性上，党媒往往缺少新闻底下的即时评论区，这大大降低了互动性。例如，与商业网站，如新浪跟帖、腾讯牛评等直接在新闻下方进行的针对性评论相比较，人民网一般不开设直接评论区，而是开放强国论坛等作为集中评论区，这就降低了即时面对具体新闻的互动性。

在大众媒体背后撑起传播内容的是理论宣传工作者。他们是马克思主义大众传播过程中的中坚力量之一，肩负着如何将马克思主义基本理论与中国实际相结合，如何让大众通过喜闻乐见的方式潜移默化地接受马克思主义的重任。在中国，理论宣传工作者有着长期的经验积累，从建党至今，几十年间中国共产党的理论宣传工作者不断紧跟形势，为马克思主义中国化做出了理论宣传方面的贡献。但是，因为长期体制限制、理论宣传者思维模式同质化等多重因素，缺乏新媒体时代的多重意识，集中表现为：一是姿态并未完全摆正，不能完全随着时代良性转变。传统理论工作者常常有种"官员"姿态，强调自己所宣传内容正统，从而在宣传方面往往放弃主动研究新情况并提前引导，而是被动地用已有理论回答。他们积极加强理论阵地建设，始终强调坚持马克思主义在意识形态领域的主导地位，坚持从"中国梦"的高度全面审时度势地进行理论建设，预见性较强，在局势变化之前就做出理论指导。二是政治敏感度不强。当前，冷战后意识形态领域争夺战看似已经在很大程度上淡化，但其实往往只是增加了意识形态宣传的隐蔽性。通过一些流行元素的影片、歌曲、图片或者博文等不具有明确意识形态色彩的东西，但是这种意识形态的"特洛伊木马"，其目的昭然若揭。这就要求理论宣传工作者更要确立坚定的政治立场，增强政治敏锐性，培育对西方意识形态渗透的理性感官灵敏度，发现某些媒体信息和文化产品所包含的政治信息，从而更有针对性地指出并回应，达到举一反三之效，坚持马克思主义立场。时下分裂势力、邪教势力都有抬头趋势，但隐蔽性极强，往往采取宣传民族、宗教的形式，难以将其与正常的民族、宗教活动相区分，辨识工作难度超出预期。三是理论工作者往往重理论宣讲而轻事实剖析。理论工作者长期处于专业学习和理论工作之中，希望通过其扎实的理论功底阐释当下问题。有了这种知识储备，往往能更加深度地剖析当下理论困境和具体问题，但是要把握理论和实践之间的平衡，增加务实的意识，关注丰富多彩的大众生活，回应大众注意力集中的领域和问题。要在贯彻中央精神，坚持马克思主义立场的前提下，基于群众需求，对理论宣传进行创造性工作，对群众不忽视、不敷衍、不避而不答，真正让人民群众了解所宣传的理论和政策。

三　高校教育工作者

在当代，高校是培养博古通今人才的农场，进行理论研究的重要基地，具有重大的马克思主义理论传播、教育、创新功能，是马克思主义大众传播特质培养的"温室大棚"。"教师的思想政治立场、道德品质、治学精神、工作态度和综合素质如何，都会对青年学生产生潜移默化的影响。"[1] 中国共产党早期宣传，很大一部分是源于高校，各种具有马克思主义倾向的学生团体不断通过各种宣传、社会活动支持了早期马克思主义的发展，学生阶层中党员数量直线向上浮动，包括邓恩铭、邓中

---

[1]　吕卫东、闫德忠、姜转宏、刘玉峰：《新形势下加强高校教师思想政治教育工作之我见》，《学校党建与思想教育》2014年第1期。

夏、王尽美等一批中共中坚力量都是在学生时代确立了马克思主义信仰。毛泽东指出教师群体应该"忠诚党的教育事业"①。因此，高校教育工作者，一方面产生学理效益，弥补理论创新动力源亏欠，内涵培育水平足以支撑马克思主义前景；另一方面，可以将马克思主义信仰向学生宣传，在青年人人生信仰和价值判断关键的成型阶段，接触并接受马克思主义。特别是在改革开放后的文化融合时期，不同文化、价值取向和意识形态碰撞，大学生们用更加包容和开放的目光了解并进行文化选择，无法再用统一的文化范式规定当下的文化走向和他们的文化选择。因此，高校教育已经远离象牙塔的安逸状态，知识分子的马克思主义自觉和思想政治教育者的理论创新、教育教学模式创新等方面要紧跟时代，回答时代提出的问题。

笔者注意到，当下高校思想政治教师以及其他老师在马克思主义传播方面还有不足，无法正确且有效引导学生。第一，高校教师不能实现完全的政治自觉。高校教师是高校阵地中马克思主义理论宣传的中坚力量。民国初年的高校教师，对社会主义就有介绍，例如梁启超就说："社会主义，是要将现在经济组织不公平之点，根本改造。"② 五四运动期间，如陈独秀、李大钊等时任高校教师的中国共产党先驱，就是在高校阵地广泛宣传了马克思主义，不但培养了一批学生马克思主义者并成为后来中国共产党骨干力量，而且通过高校宣传和组织学生运动，广泛影响了社会各阶级，最终汇成中国马克思主义传播洪流。他们的经验说明，高校教师首先要有明确的政治立场和自觉宣传马克思主义的政治觉悟，才能形成宣传马克思主义的动力。当然，当代高校教师对马克思主义的理解倾向于理性和冷静，这符合当下多元文化热潮下冷思考的趋势，但马克思主义也应有其热情，主义的信仰和政治立场的坚守是在高校完成马克思主义大众传播的精神支撑。第二，高校马克思主义理论教材的不尽如人意，导致高校马克思主义传播的低效。高校教师作为高级知识分子，具有独立思考和理论思辨的素养，对问题有独到的看法和深刻的理解。但是，当今高校马克思主义教材模式化、抽象化严重，虽然

---

① 《毛泽东邓小平江泽民论教育》，中央文献出版社/人民教育出版社/北京师范大学出版社 2002 年版，第 31 页。

② 梁启超：《欧游心影录、新大陆游记》，东方出版社 2006 年版，第 222 页。

几经改版，但受历史惯性和学术共同体固有范式的影响，仍然存在语言概念化、空洞说理化、教条化和说教性的特点。而且语言无法跟上时代潮流，明显和时代语言体系脱节，过于政治色彩的渲染也使其学术性色彩降低。这在一定程度上引起高校教师群体的反感，他们不能认同当下教材和以此教材主导的课堂教学现状，因而往往脱离课本大谈其他，反而浪费了马克思主义课程的课时。不仅如此，从他们的实际工作来说，他们面临的受众是大学生，大学生群体正处于张扬个性、价值选择不稳定的特殊时期，将传统马克思主义教材强行灌输给学生，把高校教师工作抛入陌生的教育概念生成期。基于以上两点，高校教师对目前马克思主义教材之间的认同度难免降低。第三，高校教育工作者不仅是课堂上的传道者，更是生活中的解惑者。高校教育工作者在马克思主义传播方面，不应该拘泥于传统的课堂教学，而应自觉地融入学生生活，了解学生需求，从而自然地让马克思主义的智慧体现在学生生活中，马克思主义来源于现实的生活，但大学生由于缺乏马克思主义知识或者缺乏将马克思主义同生活联系的自觉性，所以难以真正领会其理论内涵。高校教育工作者应深入学生，在具体问题具体分析的原则下，深入分析大学生心理、生活现状和价值生态，并将此延伸到课堂，从而达到事半功倍的宣传效果。

四　个体马克思主义传播者

"个体"主要是从淡化组织层面的规定性来讲的，个体马克思主义传播者指的是从个人层面开展马克思主义传播，直接从事马克思主义理论宣传的个人，包含不同教育机构中的思想政治教育者、党政宣传的职能部门的工作人员、党政直接控制的媒体从业者等。

抛开有组织化马克思主义传播的整体视域，直接透视个体马克思主义传播者本身，我们发现当代这类传播者具有以下几个特征：第一，具有强烈的创新意识，但创新实效不显著。当下，中央提出了"中国梦""四个全面""两学一做"等理论创新，都是马克思主义创新的典范。而且随着多元文化趋势的推进以及民众文化包容性的增加，马克思主义创新的空间空前放大。反映到个体马克思主义传播者的意识中，他们也表现出强烈革新当下马克思主义传播的愿望，对马克思主义基本理论的深刻理解和对当代时代特点的敏锐把握使之具有了可能性。具体包括内容表达、与时代语言结合的新语言形态、基于课堂传播的教学改革和新型互动模式的探索等。但是，个体马克思主义者的创新实效难以和他们的创新期望相匹配。一方面，长期理论教养固然形成了他们厚重的专业素养，但也从另一方面构成了他们特定的历史视界，这既可以作为创新的基础，也会成为思维难以突破的框架；另一方面，作为个人的马克思主义传播者往往要受到组织的限制。他们所属的组织，自有其理论延续性，所处的团队也有理论理解方面的惯性，而作为个体，他们不能完全脱离组织的软性规则和硬性规定，所以创新难免会受到影响。第二，有责任意识，但不能完全有效定位自身。马克思主义大众传播是中国共产党保证执政地位、保证中国社会的社会主义方向的重要支撑，为马克思主义大众传播增添力量。这种责任意识以爱国主义、工作责任、学术责任等形式表现出来，这种责任意识被作为中坚力量的传播者所领会，是马克思主义传播的人力资源基础。但责任意识只是作为自我定位的基础性构件而存在，一个合格的马克思主义传播者需要全方位的准确定位。从个体意义上讲，当代马克思主义传播者仍然以俯视的姿态进行工作，教育的意味远大于互动的双方。高校思想政治教育课，大部分教师仍然采取单纯讲解，学生仅限于记笔记和应付考试的状态；一些主流媒体的论坛虽然作为可以发表评论的平台，但是这些平台上比较具有代表性的发帖和焦点问题，都是网民的"自娱自乐"，鲜见马克思主义者的引领或者回应；政府机关虽然学会利用微博、微信公众号等新媒体形式发布信息，但这种发布仅仅限于告知，仍然是一种管理者的高高在上的姿态，新媒体的在新形势下依然是旧的风气和姿态。第三，有意识应对多阶层背景下的问题，但仍然比社会结构调整速度相对滞后。中国社会结构从传统型向现代型过渡，复旦大学学者刘建军指出："社会转型期涉及利益的重新分配、权力的结构性转移以及社会群体的重新组合。"①这着重体现为社会阶层的分化、重组和个人社会角色重新定位，有其科学性，但在当代社会主义中国，阶级分化逐渐淡化，新阶层的出现和分化更显突出。个体马克思主义者很好地注意到这个特点，将阶级分析方法

---

① 刘建军：《论社会转型期政治信任的法治基础》，《文史哲》2010 年第 4 期。

的基本精神用于分析当下阶层分化的新背景下，更具体而有针对性地进行理论创新。但是，固有的简单分类方法仍然影响人们思维，传统的阶级分类，干部、工人和农民的身份分类思维并未得到有效清除，所以在阶层不断涌现的时候，还将用旧的阶级和身份分类套钳当下新阶层时，苍白无力、毫无生机必将成为马克思主义传播的准确的形容词。

第二节　新媒体视域下马克思主义大众传播的客体

所谓"客体"，在马克思的表述中，是主体所指向的作为对象的物。马克思在其著作中主要是将自然物作为客体概念的外延，这是由于他的主客关系分析主要是建立在生产物质实践基础之上。将马克思主义客体观延伸开来，从更广泛意义上，可以发现，客体主要是指主体的对象性实践活动的指向，据此，人既可以是"指向"发出者，也可以是被"指向"者。人际关系是人与人之间互相作用的过程，人可以通过交流或者多样方式影响、改变甚至是管控他人。例如人力资源管理，特定人通过一定方式去改造他人的技能和思维，从而实现组织目标、员工发展和改善员工关系；公共关系学通过交往改变他人对某人或某事的看法，这都是人可以同时作为主客体的明证。马克思主义大众传播客体按传播领域的不同，可以分为组织传播对象、大众传媒受众和个人传播对象三种。

一　组织传播对象

所谓组织传播，是指某一组织基于其组织的利益、目标和既定宗旨，与组织成员、其相关联的其他组织及所处的环境和时代之间进行的信息传播过程。特别是对组织内部成员的宣传是重点，因为只有内部成员达成具有向心力的统一思想，组织才有精神凝聚力，从而更好地发挥作用。中国共产党在其发展史上，对内部成员的思想政治工作从未放松。从《星星之火，可以燎原》到《反对本本主义》，从防止"糖衣炮弹"到"关于真理标准问题的大讨论"，还有不久之前进行的党风廉政建设和"三严三实"学习活动，都体现了中共对内部成员思想纯洁性建设的重视，是组织内部传播的典范。以"三严三实"教育活动为例，作为推动党内思想政治和作风建设的重要理论传播活动，作为 2015 年最重要的党建任务。这次活动将对象明确限定为县处级以上党员干部，说明中国共产党组织传播对象有很高的明确性，彰显了组织传播对象的极具区别度的特征，而且组织性特别突出。从顶层对于这次教育活动的设计来说，2015 年 4 月，中共中央办公厅印发《关于在县处级以上领导干部中开展"三严三实"专题教育方案》，总体规划明确；在贯彻实施过程中，根据行政层级、机构行政实行分层教育策略。这两点都说明，党员干部作为组织内的传播客体，易组织，听从安排，能够比较系统地了解和接受组织的传播意图及内容，在组织内传播的主客体关系上，传播主体往往是更高层领导层，所以有传播优势，比较容易地让传播客体遵循自己的传播方式，将传播客体纳入自己有利的传播架构中进行教育，传播客体的主动性较差，但系统接受理论的水平也是组织外传播难以企及的。

组织成员作为组织传播的客体，有其区别于组织外传播客体的特点。第一，组织成员既是传播客体，同时也是传播主体。组织不是一个空洞的独立概念，它本身就是由具体的组织成员组成的。组织内部传播，反映了组织成员的集体意志，每一次传播都是组织成员集体意志的力量推动，反映了他们的集体智慧，通过内部传播反过来又进一步深化了这种意志的统一性。但是，组织内传播客体在大部分时间和场合仍然是处于相对被动地位，因为受到组织层级和制度的限制，组织成员在传播领域首先是作为被传播对象而被定位的，一般不是被定为信息源。第二，组织成员还担负着向组织外传播的重任。组织成员不是传播的终点，而是作为中继，其任务是向组织外进行传播。例如早期红军期间，红军指战员是党组织内部传播的传播客体，是主要教育的对象，而红军指战员在长征过程中，自觉地承担了向大众传播马克思主义的工作，有效地传播了革命火种，扩大并夯实了革命的群众基础。所以，组成成员的传播不应该是灌输型的，应当在传授基本知识的同时启发组织成员的创造性，从而成为向组织外进行传播的发起点。第三，组织内部具有差异性。组织虽然作为一个整体，有着统一的范式，但是，由于组织内部层级和部门的不同、每个人知识背景和价值观的差异，组织内部人员思维也不是完全一致。所以，组织内部传播客体的差异性决定了组织传播也要重视在统一原则下的具体分析，具体制定传播策略。例如，中国共产党曾经经历过"两个凡是"的错误认识时期，实践被确立为检验真理的唯一标准之后，鉴于不同党组织和党员的具体工作不同，从事着各具特色的实践，因而这一标准在坚持统一评价原则的同时，也作出了符合具体情况的创造性理论创新。同样的，党组织内部的理论传播也应因人而异，依具体情况而定，这体现了对不同党组织和不同党员各具特点的伟大实践的尊重。毛泽东曾说："把感想当政策……这种作风，拿了律己，则害了自己；拿了教人，则害了别人；拿了指导革命，则害了革命。"① 第四，组织人员具有流动性，需要不断进行教育活动。组织为保持活力，会进行成员的更替，包括新老更替或者正常人员调动、入职和离职等人事变动。特别是目前正在摸索党员"能上能下"机制的建设。干部"能上能下"机制，是通过对党员干部进行常态化的选拔、管理、监督，将各个评价环节结合以综合考察干部，基于择优汰劣，长期考察，不将党员干部某一时期的状态作为其终身印记，保证根据其能力消长而决定其位置，从而实现有效激励的机制。这使得党组织传播客体不断流动，也决定了组织内部传播的持续性。

二　大众传媒受众

在中国，马克思主义大众传播的受众概念也经历了很大变化。在马克思主义传入中国初期，传媒受众主要是开明知识分子和学生团体。俄国和西欧社会主义思潮、马克思主义理论的传入，第一批受众仅限于有外语能力和开放思维的学术从业者和团体，他们也在之后的历史发展中成为马克思主义传播主体的主要组成者。五四运动之后，早期中国共产党党员更加有意识地利用大众传媒进行宣传。马克思主义的大众传媒受众主要是发达地区（如上海）的工人阶级和小资产阶级、资产阶级革命派的开明人士，他们在时局压力下重新思考国家民族命运，多方求索无门的同时急需新鲜的理论指导，从而走出危亡之秋。从秋收起义、武装反对国民党统治，历经风霜以至 1949 年，这时的传播客体主要是以农民为主组成的军队和根据地群众。中国共产党是工人阶级的政党，但

---

① 《毛泽东同志论教育工作》，人民教育出版社 1992 年版，第 113 页。

特殊的国情决定了中国共产党的组织建设和军队部署必须在农村，军队构成主要是农民。如何在军队内部对军人进行思想改造，从而听从党指挥、投入无产阶级解放和民族救亡的事业中，重点在如何使农村根据地更加稳固，使农民大众愿意支持共产党的革命主张。所以，军队和根据地群众成为当时马克思主义大众传播主要客体是有其时代原因的。新中国成立之后，传播客体空前扩大，范围几乎涉及全体人民。如何在一个有着五千年文明传统的国家确立一种西方政治理论，并使其与中国实际相结合，成为有中国特色的主流意识形态，成为当时的棘手任务。党组织必须有效利用大众传媒面向全体人民全方位宣传马克思主义，普及九年制义务教育。其中，政治教育从未中断，主流媒体意识形态色彩浓厚，因此传播客体范围覆盖全体人民。改革开放后，总体上说，大众传媒的受众仍是全体人民，义务教育中政治教育仍严肃谨慎，而且研究生考试、公务员考试以及很多人才选拔都要经过政治理论考试或考查，延展了马克思主义传播基本面。近些年新媒体的发展为人们提供了更多的选择余地，在传媒领域，人可以选择自己喜欢的媒体，可以选择自身的信息感官的暴露向度，这种改变的影响力涉及终身，其持久性和渗透力远超学校教育和考试压力下的学习。对于马克思传播主体来说，他们已不能确保自己的传播能影响到全体人民，他们要试图让人民能够听到马克思主义的声音（无论是积极还是消极意义上），马克思主义大众传媒的受众的外延结构也要调整——从人民全体到主体能够影响到的公民。

然而，对"受众"的认识水平提升空间仍显巨大。第一，低估受众的多样性，导致传播定位偏差。大众概念并不意味着通俗甚至低俗，而是意味着多样化、多层次的需求和选择。新媒体的受众价值观、知识专业背景差异明显，他们既有高层学者，又有低学历人群，既有富商大贾，又有低收入人群，这些差异决定了受众多样化的基本特征。大众传媒必须有合理定位，才能满足大多数受众的需求。但是，当下大众媒体不断拉低自己的品位和要求，轻理性而重感性，追求视觉冲击而不愿对信息进行深度挖掘，乐于将网友评论作为卖点，而不是诉诸权威专家的深度解剖等。这样确实能够满足一部分受众需要，也避免了信息的枯燥感，但也造成了大众信息快餐化和浅阅读的不良趋势，后果严重。快餐式信息传播，简单加入马克思主义元素而不做真正的解剖和阐释，往往流于表面形式化。从长远来看，甚至会影响整个民族的思维深度和高度。第二，被动迎合大众而缺乏主动引导。新媒体触发受众的能力"扳机"，使其参与能力大大增强。比较典型的是微博问政的形式，微博让大众从单纯的受众变成了互动中的参与者，可以通过"@"的方式直接向政府部门提问，政府部门根据相关政策和精神给予解答。但是，由于受众构成复杂，他们所关心的既有内容积极向上负责任的关注点，也有消极不具建设性的问题，甚至是反动信息。因此，马克思主义大众传媒既要尊重受众，积极回应受众，形成互动，也要发挥引导作用，让这种互动进入良性运行轨道，做到以我为主，坚守阵地。第三，限于传统马克思主义理论教科书式表达，不能采用民族和时代语言，没有照顾到大众的接受心理。在中国，遵循着传统儒家格局中的仁义礼智信的基本义理规则，这既是马克思主义在中国传播面临的民族先见，也是可以借助的文化财富，从而能够将马克思主义基本理论旨趣与传统中国义理结合，在更高层次上宣传马克思主义。马克思主义关心劳苦大众，强调社会公平正义、为人民服务等理论向度，和中国传统文化中的"仁""民贵君轻"等思想有契合之处。马克思主义和民族文化结合，能让中国大众更容易接受。从时代性上说，时代语言也为马克思主义提供了新的表达方式，如党报开始使用时下网络热词，共青团中央的《中国青年研究》都有专门的时下热词版面，专门从马克思主义角度审视和研究当下热词。当然，大部分党政传媒还是以严肃而传统的语言进行表述，从接受心理方面来看，容易让大众对马克思主义产生疏远感，不利于大众对马克思主义产生亲切感并坦然接受。

三　人际传播对象

人际传播是嵌套入并组成所有传播的基本细胞。从原始的肢体传播、口耳相传，到今天的新媒体传播，无论人们的传播行为采取什么方式，表现为什么形式，人际传播都渗透在个人交往、社会活动、国际交往等各个方面。随着新媒体的发展，网络的进步和移动设备的广泛应用，个人传播有了更广阔的平台。新媒体打破了民族、职业、专业、国家、语言和传统等各种隔阂，使个人在社会各个领域都有了话语参与权，个人传播的时空界限逐渐打破。新媒体视域下人际传播的一个重要途径就是自媒体，因为自媒体具有草根性、互动性、开放性等特点，可以迅速地让大众接受、注册，并保持较高的用户在线量。自媒体领域呈现多家企业共存的繁荣局面，不存在垄断。更为简易的是，自媒体往往只需要绑定手机号或者邮箱即可，不要求增值服务就基本上没有收费，参与门槛极低。人际传播的对象是所有传播形态中最广泛的，只要一个人与人交往，他们就是人际传播的对象，所以人际传播是最广泛的传播实践。

拓展人际传播的新媒体可分为多种，第一种，首推即时通信软件类，其能提供文字、音视频、文件传输和共享等多种服务，拉近人际传播的空间距离，而且当下的即时通信软件开发出游戏平台、提供电视直播、绑定银行卡的支付平台等，让人们用即时通信软件就能完成日常生活中的很多事，从而将用户逐渐纳入软件设定的生活圈中，用户之间的个人传播就更依赖即时通信软件。第二种，网络社交平台。人们可以发布和储存自己的信息，与好友共享信息。共享和转载功能让人们更迅速、更大范围内传播都感兴趣的消息，某些信息通过网络社交平台的传播，取得轰动效应，影响力甚至超过专业媒体。例如大 V 现象。网络大 V 有两个意思起源，第一是 VIP 的简称，因为其有较多粉丝所以得到增值服务，例如实名认证等；第二是 V 谐音"微"，因其起源于微博这个领域。自媒体的发展，特别是微博的兴盛，一些人迅速把握住这个机会，通过猎奇的内容和有一定深度的简介，确实给人新鲜感和启迪，从而聚集了大量粉丝，从而获得大 V 地位。大 V 的影响力体现出自媒体下人际传播的新发展，大 V 的活动范围已经超出了微博，经常参加电视台娱乐节目或访谈节目，这是人际传播对传统大众传播影响的一个缩影。但是，正如南开大学学者刘倩所指出的，"当网络大 V 出现舆情失范现象，甚至与其行为相悖时，就会激起公众质疑、扰乱社会秩序，从而阻碍青年价值观教育的正常有序开展"①。不可否认，大 V 的网络失范现象影响也特别突出，这从另一个方面显示出人际传播同时具有影响大和难规范的特点。但是当大家都热衷讨论大 V 现象，并以之分析人际

---

① 刘倩：《网络大 V 舆情失范的表现、成因及治理——基于微时代网络舆情与青年价值观的视角》，《中国青年研究》2014 年第 6 期。

传播时，我们应该看到作为人际传播客体的"粉丝"现象。作为网络人际传播的受众，表面上享受和大 V 一样的新媒体平台，但这种平等在现实中并不存在。相对于某些掌握新媒体下人们注意力的人，普通用户几乎停留在失语状态，他们能影响的范围远比理论上要小得多。虽然网络无限制地传播，但实际关注自己的、自己影响力所能波及的还是现实中的人际圈，只不过新媒体和网络让这种人际交往换了一种更简洁的形式罢了。

抛开新媒体中人际传播的具体表现，考察其深刻的背后社会推力，可以发现：在当代，传统的工人、干部、农民的社会阶层划分方式已经被打破，社会个人和群体都保持着高速流动状态。社会阶层和群体在多重条件下发生分化、解构和重组，城市和农村、东中西部区域分布、教育层次、职业和体制内外的区分都可以划分不同的界限，造就不同社会分层，而且不同个人和群体往往受到不同因素影响和划定，大的阶层下又会分化为不同的群体。"在现代化建设和市场经济的时代背景之下，社会的分化程度以及复杂化程度越来越高，社会主体呈现出一种多元化的状态，职业群体也越来越多，社会分层也呈现出一种多样化的情状。"[1] 个人传播客体的分化表现为不同个人和群体之间出现了影响力和资源掌控的不对等现象。在新媒体的特定领域内也会出现群体性分化，如"大 V""吧主"和普通参与者。这些大背景和特定领域的分化，导致不同群体引入思维原则和行为范式，从而对同一媒体形式会有不同的反应，对同一媒体采取不同的利用方式，在活跃程度和舆论控制欲望方面也会大相径庭。这些都导致马克思主义传播需要差异化的传播途径和策略，从千篇一律到"精确制导"，用不同形式面向不同受众。另外，客体之间互动的模式也要重建，客体之间对对方的调整作出及时反应，意见领袖和普通受众之间二者的互动从媒体单一僵化支配变为双向动态调整，不同利益群体也加速交换意见从而实现协调。

从马克思主义大众传播这个特殊角度来讲，传播客体迫切需要了解其内涵并和当代政治、经济，特别是个人所处的生活环境相结合，将其作为一个真正能解释这一切的追求目标，而非盲目的信仰；当其转变身

---

[1] 吴忠民：《从阶级分析到当代社会分层研究》，《学术界》2004 年第 2 期。

份，担任传播主体角色，也要面对形势及时调整，通过个案研究、理论阐释和方针解读等方法，平等概念嵌入马克思主义传播的定语中。马克思主义主客体都有重新赋予"马克思主义"新面貌的迫切需求，即人人都真正了解并用来解释时代和生活。

马克思主义传播主体，因受限于市场经济的要求，往往难以自觉地传播。传播客体也更多关注个人利益，而无暇顾及"遥不可及"的马克思主义利益和理想。马克思主义传播主客体的心态和所处环境的变化，将马克思主义传播抛入前进的"温泉关"。欲改变这种现状，既要政策引导，理论建构不能步入寒冬，而是要稳步于温热状态，持续供给现实问题的解渴的理论饮品，关注并解释更加现实而直接的问题。庆幸的是，其主流是正面趋势的，并且随着新媒体中马克思主义主客体的各自成长，以及交互关系成熟度的进一步提高，定会为马克思主义发展注入新鲜血液。

第三节　新媒体视域下马克思主义大众传播的内容

媒体的内容要素是传播的核心，让受众接受传播内容，是媒体工作的旨归。新媒体时代，马克思主义传播拥有更大的观点讨论和思想碰撞空间，具有更强烈的科学精神，垒土之上，大厦愈发稳固，从而让马克思主义传播在更高层次上实现新的发展。

一　技术内容转换

新媒体形式层出不穷，主要有两方面的推动力，一方面是硬件设施的进步，如数字技术的推广、服务器升级换代、光纤逐渐普及，推动新媒体载体形式不断优化提高；另一方面是软件的革新，例如从 MSN 到 Skype 的即时通信软件进步，网页制作精细化、平台制作人性化，更具亲和力和操作方便性。这两方面共同构成了新媒体形式变革的动力源。

硬件方面，数字技术问世已久。在服务器的不断革新中，提升自我的传播能力。光纤让传输更加保真快速。在经历了印刷技术、电子技术到数字技术的转换升级之后，新媒体时代马克思主义大众传播在多重维度上有了质的变革。

　　基于数字技术所建设的"高速公路"，新媒体使传播的信息量增大，信息链延伸，在信息发布和节目播放时，具有传统媒体所不具有的可读、可写、可交互的特征。信息量已经不限于传播主体所发布的信息，而且夹杂着各种评论、反馈和用户统计，主客交互性得到充分体现。主客交互让信息量成为交互过程中动态增长的过程，信息页也会不断延伸，从信息的表面，通过主客互动，共同挖掘到原始信息之后的无限信息层次，依次剖析，共筑新的信息链。而且网络提供了超链接技术，让一个信息可以延伸到无数的信息源，只要用户愿意，超链接没有终点，从而进一步拓展了信息链。这种信息链的延伸呈散射状，即某一信息可以连接到广告、购物、游戏、人物百科等多向度的延伸。

　　新媒体不但将马克思主义纸质经典规整到网络平台，转换阅读形式和感官触感，还可以不断更新党校马克思主义新信息、传递当下党的方针政策、党政领导人的活动和言论。不同党媒和政府新媒体平台之间互相存在着超链接，而且在专业技术性问题上，也有通向专门部门的连接。这大大丰富了某一信息的拓展范围，信息链延伸，让民众对马克思主义有了深层次的了解，减少党和政府与人民群众在特定领域或者事件上的误会。

　　软件方面的进步让网页、即时通讯软件等更具吸引力和感染力，激发并满足甚至创造受众审美需要，引领公众需求新向度。

　　在硬件条件既定或者无较大变革的基础上，软件的更新是新媒体不断革新的更经常的源泉。硬件设施的变革，往往需要更长周期。新媒体日常的结构调整、版面设计、互动设计等，都需要软件去制作和调整。网页是否具有高度的审美价值、信息传达功能、交互性和亲和力，对用户体验至关重要。

　　传统媒体表达形式有限，而且很难随时变革，也不能像网页一样提供各种插件、拓展功能。新媒体时代马克思主义大众传播，依托软件技术及其不断更新，党媒和政府媒体，如网页、微博、微信平台，有了前所未有的视觉审美高度，从而提升了民众对党和政府的好感，培养了民众对马克思主义的认同感情。

二　传播内容变革

　　新媒体不仅意味着技术上硬件的变革和软件的丰富，更带来了语言组织方式、思维方式、信息筛选等内容的变化，后者体现为传播内容的变革。新媒体并不意味着只是转化了信息的承载方式或呈现模式，从深层次上说，新媒体重新梳理了传播内容的理路和逻辑，从而呈现完全不同的内容。

第一，话语方式变革。语言是内容的基本承载代码和表达方式，是传播内容最直接的呈现。内容的变化，首先表现为传播语言的变化。话语方式的变革，可以象征着价值取向、政策指向、马克思主义信仰的时代性等多重问题。习近平总书记在其新年致辞中使用了"给力""点赞""蛮"等网络用语，这是中共宣传领域语言风格转向的一大标志。虽然党和政府在新媒体时代，仍会使用严谨、翔实、慎重的传统政治语言表述和传播马克思主义，但是，其中透露的生活化气息日益浓厚，马克思主义传播更加接地气。

第二，即时内容增多，重视生活化语境。随着新媒体日益发展，信息更新速度日益加快，新媒体提供的畅通的信息高速公路，也让传播主体更快速地直接从生活取材，应利用新媒体，增加传播内容的即时性和生活性，从而更好地佐证马克思主义基本原理现实运用的可能性。例如通过关注城管和摊贩关系，及时报道生活中发生的相关事件，探讨马克思主义如何以人为本规范执法行为、制定人性化规定，保证社会和谐。

第三，内容共享性提高。传播形式转换，必然带来互动性的提高，相应的，也会增进传播内容层次上的共享性。在学术层面，中国开放了中国知网、万方数据库、维普数据库、百度文库、道客巴巴等知识共享平台。马克思主义经典材料以及相关研究论著，也可以被检索。原版马克思专著、西方马克思主义研究论著、苏联和东欧社会主义国家文献，都可以通过 Marx and Engels Internet Archive 被检索，大大拓展了民众接触马克思原著及其相关研究成果的渠道。中国共产党及各级政府的官网、新闻网等也不断增加连接渠道以增加传播的共享性。

第四，传播内容中所蕴含的思维方式不断变化。信息中包含的思维方式是其精神内核，决定着信息内容的基本价值取向和党性。新媒体虽然作为一种技术标识，但会带来运用新媒体的主体，改变自身的思维模式，在大数据状态下，更加全面地看待问题，以包容和理性的态度对待时下的热门事件，传播主体不是仅仅作为传话筒，而是有了独立的反应和自觉运用马克思主义分析具体事件的能力，从而赋予马克思主义以更加灵活和亲切的表征。

第四节　新媒体视域下马克思主义大众传播的渠道

传播渠道，又称传播媒介、信道等，是传播内容的载体。传播渠道，可以从两方面看，一方面是指传播的工具，即各种技术和实体形态呈现的传播工具等；另一方面是指进行信息采编、加工和传递的组织和团体，如电视台、广播电台、杂志社、网络公司、微信公众平台的运营团队等。马克思主义大众传播渠道，无论是工具层面还是组织层面，都在快速延展。

一　工具层面的传播渠道

新中国成立后，马克思主义意识形态几乎占据中国所有传播工具。在城市领域，电视、广播、报纸相对普及，马克思主义类信息占据这些传媒的头条，党政精神抓住第一时间占据民众的关注空间。而且多种中央机关报，常年要求党政机关订阅，成为大多数单位工作人员的最易接触的读物。在农村领域，新中国成立后的五十余年中，主要以"大喇叭"、巡演戏剧和广播为马克思主义大众传播的渠道。虽然大部分渠道形式的时效性较差，但是鉴于农村相对缓慢的生活节奏，对马克思主义传播形式的变革和信息更新的要求不高，农村领域仍保持着高度崇尚马克思主义的基本话语空间。新媒体时代，城市和农村占主导的马克思主义传播形式趋于一致，光纤技术广泛推广，无线网络覆盖城乡，微博、网站等成为马克思主义进一步发展的平台。以微博为例，国务院办公厅中国政府网运行中心创办中国政府网官方微博，截至 2016 年 8 月 8 日，已经被 14059471 名新浪微博用户关注，每月公布国务院颁布的"新规"，详细程度是传统电视和广播等媒体所不能及的，而且公布一些便民措施，例如"实用！重要证件丢失补办攻略"① 等，而在传统媒体

---

① 中国政府网新浪微博：《实用！重要证件丢失补办攻略》(http：//weibo. com/zhengfu? refer_ flag = 1001030102_ &is_ hot = 1&noscale_ head = 1#_ 0)。

中，这些信息往往只能是简要略谈，不能条分缕析。再例如马航事件，中国政府开设"马航事件中国政府联合工作平台"，不断更新信息。党媒和政府媒体不断利用新媒体渠道，进一步提升了马克思主义传播效果。

二　组织层面的传播渠道

从组织层面看，公司制境遇下的媒体新形势，结合了新的经营模式和技术手段二维因素，共筑马克思主义传播新路径。

新中国成立后很长一段时间，中国的媒体机构属于政府机关或者国有企业性质，没有引入市场机制，也没实行公司制和多种股权形式。当然，其优点非常明显，可以保证政治方向的绝对正确和对党与政府的绝对一致，但是缺点也是不可忽视的，僵化的运作机制已经远远落后于改革开放的大潮，传播手段落后、形式迟滞、内容守旧，已经无法吸引公众的关注度。传统媒体在不断突破自身限制的进程中更加重视用户体验和多平台合作，流媒体、自媒体形式也被引入。但是，可以看到，党媒和政府媒体相对于以新浪网、腾讯网和网易网为代表的新兴媒体公司、团队，在互动性、开放性和亲和力上仍有较大提升空间。

新媒体带来的不仅是技术的革新，也推动了组织形式的变革。传统的"单位制"往往不适合变革速度更快，信息频道更细化而琐碎的新媒体平台。新媒体平台往往是以项目管理为目标指向，"团队"形式而非"单位"形式运作。例如著名科普平台——"科学松鼠会"，就是比较典型的例子。"科学松鼠会"团队不定期举办科普沙龙，承办第一届"科普嘉年华"，在新浪微博、豆瓣社区安家，显示出极强的机动性和灵活性。马克思主义传播平台也以项目为指向，组建团队，借助不同平台，实现灵活传播。例如"公安部儿童失踪信息紧急发布平台"微博，就是针对具体项目组织传播团队的经典案例。截至 2016 年 8 月 8 日，该微博关注用户达 325487 位，这既很好地推动了打击拐卖儿童工作，又树立了政府形象，具化层面上体现了马克思主义认同度的提高。

第五节　新媒体视域下马克思主义大众传播的效果

传播效果是传播五要素中最难把控和量化分析的一个层面。本文基于心理学分析，通过认知层面、情感态度层面和行动层面分析新媒体时代马克思主义大众传播的效果。

一　认知层面

任何意识形态的传播，首先触及的是受众的认知层面。认知的生成，不是单向度的信息流动，而是存在于双向互动之中。"生成认知的提出者 Varela 等人（1991）认为，认知是一个生成过程，是个体在发展和成熟的过程中，通过身体活动参与到世界中去，在与世界交互作用的过程中偶合（coupling）而成。认知既不是对一个先在客观世界的再发现，也不是先验思维范畴投射的结果。"[①] 传统媒体中马克思主义传播，往往忽视了这种生成环境的培养，缺乏互动的舆论生态，不利于马克思主义被民众真正地接受和认同，实际上也迫使马克思主义传播者不得不适应新媒体平台的必然结果——互动性，从而转变思维，不再单纯地以自己为主，而是深入调查和研究用户的认知体验，从审美、注意力、记忆、言语方面进行体系重构，清除认知阻碍，建构认知高速通道，减少信息传达中的扭曲和模糊之处。

二　情感态度层面

情感是认知活动深入人心理的表现，是人根据既有的知识经验、情感体验和习惯对当下认知的感性判断。"20 世纪末，情感现象及其与其他认知过程的相互作用构成了当代认知科学研究的前沿领域。"[②] 在强调理智和逻辑性的当代社会，表面上情感作用退居次席，而实际上它往往以潜意识的方式影响人的认知、判断和行动。例如，爱国主义情怀、民族自豪感等情感内容，本身就是结构意义上的马克思主义的必需要素。

感染力是传媒用来撼动人内心情感态度的最重要手段。如何调高感染力，提高人们对马克思主义的热爱程度，是新媒体视域下马克思主义传播的重要课题。新媒体从两方面提高了马克思主义的感染力。一方

---

① 叶浩生：《认知与身体：理论心理学的视角》，《心理学报》2013 年第 4 期。
② 费多益：《认知视野中的情感依赖与理性、推理》，《中国社会科学》2012 年第 8 期。

面，技术选择种类井喷于新媒体时代，马克恩主义可以通过各种软件形式向群众发布信息。例如国务院的 APP "匡务院"，可向安卓、塞班、IOS 终端提供服务，推送各种信息，同时方便群众了解国家大事、查询各项具体规定等。另一方面，人体意义上的技术革新体现为思维转换，新媒体平台更加友好亲和的操作界面、更符合时代的语言风格和更透明的信息库，都让群众从情感上与马克思主义传播主体拉近距离，消除隔阂感，提高情感认可度。

情感效果最集中体现为，党媒和政府媒体的可信度在不断提高，民众更少地把第三方网站甚至国外网站的一些信息作为真实信息，特别是中央发出"不信谣、不传谣"的口号之后，民众更相信党媒和政府媒体，这也是民众与马克思主义传播媒体距离感逐渐消除的佐证。

三　行动层面

传统媒体，囿于技术手段和表现方式，对大政方针的宣传有余，但具体的政策法规很少能细致地传达给民众。民众需要购买专业书籍，才能补充相关知识，详细了解中国民主和法治的详细要求。但是传统媒体，往往版面和时间有限，难以详细介绍政策法规。例如《人民日报》，一般除党的全国代表大会等少数会议报告能够被全文刊登以外，大部分只能有简要报道，中央电视台虽有法制频道，但是往往是借助案例和剧目进行分析，缺乏系统性。政策法规普及程度低，严重限制了民众参与社会建设的能力，打击其积极性，甚至损害民众利益。新媒体平台则有传统媒体不可比拟的优势，新媒体有足够的运作空间以保证政策法规被详细地公知于民众。以最高人民法院新浪微博为例，所有法条变动、司法解释都以图片形式被挂于微博上，不受时间和版面限制，群众随时可以看到详尽的政策法规变动，从而能根据法律规范自己的行为，共创法治中国。再以共青团中央的新浪微博为例，以"团子们"[①] 为代表的一些充满幽默和俏皮意味的语言，轻松地展示了当代优秀青年的风

---

① 共青团中央新浪微博（http：//weibo. com/u/3937348351？ refer＿ flag＝1001030103＿ &is＿ hot＝1）。

尚，引领更多青年以这些优秀青年为榜样，做出自己的贡献，成就青春。相较于传统媒体，新媒体提升了马克思主义的号召力，更有利于推动民众投身于社会主义建设、服务社会、遵纪守法的行动中，共创民主法治中国。

第三章　新媒体视域下马克思主义大众传播的机遇与挑战

新媒体的技术优势和运作模式，都将其载体功能进一步延伸和扩大。因此，新媒体的应用可以为马克思主义大众传播提供前所未有的机遇，增强其理论感染力和号召力，提高传播的渗透性和持久性；另外，新媒体本身所具有的运作缺陷、其中所固有的技术漏洞以及反动意识形态借助新媒体传播等多重挑战并存，也会限制马克思主义大众传播中新媒体技术的利用效率和效果。机遇和挑战相互依存，相互转化，更要灵活把握，才能为我所用。明晰马克思主义大众传播在新媒体背景中所面临的机遇和挑战，趋利避害，灵活制定发展策略，是马克思主义大众传播的当务之急。

第一节　新媒体视域下马克思主义大众传播的机遇

当今社会，新媒体已不可否认地深入到了当代人生活的每个维度，出现在几乎所有的生活场景之中。"低头族"意味着手机媒体已经占据了人们每时每刻的注意力，已让大众离不开新媒体而不仅仅是新媒体追求大众；网购凭借快捷、低价改变了人们的消费模式和理财思维；浅阅读、文化消费理念取代了"绿衣捧砚催题卷，红袖添香伴读书"的读书意境，甚至影响了整个民族的知识传播方式和文化传统旨趣。总之，新媒体通过得天独厚的优势渗透到生活的每个方面，超过了传统媒体，是迄今为止最有效的传播工具。可以说，新媒体对马克思主义大众传播的推动作用是毋庸置疑的，新媒体为当代马克思主义大众传播提供了前所未有的巨大机遇。

一　有利于拓展马克思主义大众传播的前沿阵地

"前沿阵地"，顾名思义，是指两军对垒最前面的阵地，是距离敌人最近的地方。马克思主义大众传播有其理论战场和固有阵地，但与理论建设的纵深阵地不同，所谓马克思主义大众传播的前沿阵地指的是马克思主义直接接触复杂社会问题和整个马克思主义理论建构、调整直到传播这最后一环。新媒体将马克思主义带到一个无限广阔的视界，也让马克思主义所面临的问题域空前扩大。作为一个自成体系的完整理论，它与社会的接触面被新媒体扩大，从而面临了更长也更复杂的前沿阵地。马克思主义传播主体应当主动拓展自己的前沿阵地，从而在真正地回答其他意识形态、大众关心问题的同时，实现自身的发展，而不应逃避和自满。

马克思主义大众传播应以不断拓展前沿阵地为主要任务，这样才能更好地回答更多领域的问题，更广泛地参与到中国的社会实践中。最初的马克思主义大众传播已经开始使用多样的传播方式，来拓展自己的前沿阵地，而且对马克思主义的认识已经达到一定高度，李大钊曾说："马氏社会主义的理论，可大别三部：一为关于过去的理论，就是他的历史论，也称社会组织进化论；二为关于现在的理论，就是他的经济论，也称资本主义的经济论；三为关于将来的理论，就是他的政策论，也称社会主义运动论，就是社会民主主义。"① 从地域上，他的文章不限于北京或者北方，而是和《新青年》形成了南北遥相呼应的态势，为以后五四运动中上海工人、工商业从业者与北平学生相互支持埋下了传播学上的伏笔。如果这方面的历史缺失，那么历史轨迹可能偏离，马克思主义不过就是先进知识分子书斋中的空谈，遑论形成思潮。

如果说交通工具的发展和股市繁荣让国际资本注入中国，那么新媒体则成为意识形态注入中国的快速通道。传统封闭的意识形态领域限制了马克思主义的前沿阵地，《新闻联播》就曾以大篇幅的会议报道而为社会大众所诟病。作为国家最高层次的新闻节目，其版面排序一般是国家领导人出访、视察、会议等时政消息占据大幅版面，民生内容和社会

① 《李大钊全集》第 3 卷，人民出版社 2006 年版，第 19 页。

热点排在第二个时间段且内容少，国际新闻排在最后，且一般不超过五分钟。殊不知，大众民生问题才是最需要即时回答、受众面最广，与大众最相关的。较少地报道民生热点，与其说是忽视，不如说是逃避。当下，多种意识形态群雄逐鹿，空间领地重新洗牌，马克思主义大众传播的主要载体——党政传媒必须要主动向前挺进，面向质疑声、多元化最严重的领域去直面问题、发现问题并提出新问题。所以，马克思主义大众传播前沿阵地的拓展，一方面是新媒体带来的多元意识形态、不同社会阶层话语权洗牌，马克思主义传播主体被抛入压力重重的历史境遇，从而增加了工作量，拓展了理论应用面；另一方面，马克思主义传播主体也应利用好新媒体带来的前所未有的空间，并把新媒体带来的挑战当作自我理论创新的动力，从而促成理论自身的时代化，具有战斗力。新中国成立以后，传统马克思主义传播主体在国家体制和封闭传播环境中趋于僵化和懒惰，固守虚假的稳定性让原本出自论战环境的马克思主义削弱了战斗力。新媒体创造的复杂舆论环境恰恰创造了"鲶鱼效应"，让马克思主义传播主体面对多元环境重构自身，重新焕发活力和战斗力。

二　有利于丰富马克思主义大众传播的方式手段

大众传播的方式手段是大众传播有效性的实现路径。"传播"一词是舶来品，来自拉丁文 Communis。美国社会学家库利认为传播指的是"人与人关系赖以成立和发展的机制——包括一切精神象征及其在空间中得以传递，在时间上得以保存的手段。"[1] 传播手段可以说是信息在传递和储存过程中所使用的技术形式、表达模式和整体的运营理念，内含技术、表现和思维三个层面。作为一种思维存在，马克思主义必须借助载体才能传递、保存和延续，于是，方式手段就成为其生存和壮大的必需。不同的方式手段不仅会造成形式和技术的差异，而且会影响理论本身的诠释和创新，因此马克思主义传播想要实现大众化，必须要通过更多的方式手段，才能尽可能地接触不同媒介的受众。

从历史层面来看，中国共产党在 1949 年前就采取了多种方式途径

---

① ［美］查尔斯·霍顿·库利：《社会组织》，中国传媒大学出版社 2013 年版。

进行马克思主义宣传。早期传播方式的典型是社团传播。从鸦片战争开始，中国人经历了 60 余年的探索救国存亡之道，均以失败告终。十月革命一声炮响为中国送来了马克思主义，各种传播马克思主义的社团如雨后春笋般不断涌现，如北京大学马克思主义研究会、马克斯（今译马克思）学说研究会、湖南新民学会、文化书社、齐鲁书社等。早期的马克思主义者还主要限于高校教师和学生团体，以及少量社会开明知识分子。他们一边在社团内组织学习会，翻译、研讨和宣讲马克思主义，一边利用假期对社团外的学生进行马克思主义宣传，传播方式有限，仅仅是纸质刊物和口头讲解。中国共产党自成立以来，特别是 1927 年三湾改编后，中共成立了第一个真正意义上的思想政治教育机构——士兵委员会，其主要任务是群众和士兵的思想政治教育工作。士兵委员会的主要宣传方式是会议，王紫峰回忆说："士兵委员会开士兵会时，每个士兵都有发言权。"[1] 这对马克思主义民主及其大众化起了直观的传播作用。1941 年，毛泽东发表《改造我们的学习》，这篇文献是第一部有比较专门传播学意义的纲领性文献，直接对宣传工作做出了规定："关于宣传工作，如果不了解敌友我三方的宣传状况，我们就无法正确地决定我们的宣传政策。"[2] 在此及其以前的传播方式和手段，还是限于非常传统的传播方式。唯一一次通过当时算作"新媒体"的方式传播，是在世界反法西斯战争胜利 70 周年和中国抗日战争胜利 70 周年之际，由 1944 年抵达延安的美军观察组成员拍摄的"延安抗战"主题彩色影像在中国大陆首次完整公布。国内虽是首次完整公布，但国外早已传播，而且当时有的外国记者已经拍摄一些黑白影像在国外传播。彼时，电视和电影技术已经是最前沿的新媒体技术。1940 年延安新华广播电台（中国共产党创建的第一座广播电台）以及 1958 年中央人民广播电台的建立，可视为改革开放前马克思主义大众传播史上的新媒体尝试。

从当下层面来看，中国共产党利用新媒体的势头更加强劲。习近平总书记强调："推动传统媒体和新兴媒体融合发展，要遵循新闻传播规律和新兴媒体发展规律，强化互联网思维，坚持传统媒体和新兴媒体优

---

① 《星火燎原》编辑部编：《星火燎原丛书之——井冈山斗争专辑》，解放军出版社 1986 年版，第 194 页。

② 《毛泽东选集》第 3 卷，人民出版社 1991 年版，第 802 页。

势互补、一体发展。"① 这可以看作是当下中国共产党对新媒体下马克思主义大众传播的顶层设计，因为中国共产党是马克思主义在中国的代言人，新兴主流媒体是中国共产党推动中国特色社会主义的宣传利器，也是马克思主义大众传播的强力平台，通过建立大型媒体集团，突破体制、机制、技术、产品、市场等方面的瓶颈，成为丰富马克思主义大众传播的方式手段的基础，马克思主义大众传播可以依靠更新的手段、更高水平的技术、更具吸引力的产品、更灵活的体制机制作为方式手段进一步拓展自己的理论阵地。中央主要新闻媒体被特别提出和着力培养，这要求他们在承担马克思主义传播方面要结合新时代、新技术，在新媒体时代真正锻造更好的方式手段，推动马克思主义大众传播的有效深入践行。

三　有利于创新马克思主义大众传播的现代载体

任何形式的传播都需要载体，载体深刻影响了传播内容的表现形态和受众的接受程度。"载体"是一种技术概念，可以是可见的光线、服务器和荧屏，也可以是不可见的电磁波、不可见光等。不同载体有其各自不同的特点，均会使传播内容本身、接受形态发生改变。例如，广播具有瞬时性，收听顺序不能选择，对语言听力能力有要求，缺乏图片和视频的直观性，因此，以广播为载体的传播内容就偏感染，说理性强而缺乏视觉冲击，由于其稍纵即逝，受众被动地要求提高注意力，会给受众带来压力，导致传播内容本身的亲和力下降。马克思主义大众传播途径分为组织传播、高校思想政治教育和人际传播，这些传播方式都需要革新现代载体。

新媒体作为马克思主义大众传播的手段，有其正反两面影响。2013年11月16日，《人民日报》发表《中共中央关于全面深化改革若干重大问题的决定》，指出："从实践看，面对互联网技术和应用飞速发展，现行管理体制存在明显弊端，主要是多头管理、职能交叉、权责不一、

---

①　中央全面深化改革领导小组：《关于推动传统媒体和新兴媒体融合发展的指导意见》，国家新闻出版广电总局网站，2014 年 8 月 18 日。(http://www.gapp.gov.cn/news/1656/223719. shtml)。

效率不高。同时，随着互联网媒体属性越来越强，网上媒体管理和产业管理远远跟不上形势发展变化。特别是面对传播快、影响大、覆盖广、社会动员能力强的微客、微信等社交网络和即时通信工具用户的快速增长，如何加强网络法制建设和舆论引导，确保网络信息传播秩序和国家安全、社会稳定，已经成为摆在我们面前的现实突出问题。"① 新媒体特别是博客、微信等所具有的传播快、影响大、覆盖广、社会动员能力强等特点被承认。这说明中央已经认识到新媒体的积极面，这些积极面可以使新媒体成为马克思主义大众传播的重要载体，为创新马克思主义大众传播的现代载体带来可能。不过，由此带来的法制建设和舆论引导工作则尤显严峻。值得庆幸的是，中央提供了一个看待载体的新思路，即不应把作为载体的新媒体的缺陷当作事情的根源。马克思主义传播主体本身的问题才是不能正确使用新媒体的根本原因，亦即现行管理体制存在明显弊端，主要是多头管理、职能交叉、权责不一、效率不高等体制性缺陷，严重制约了新媒体作为创新马克思主义大众传播的现代载体的功能。

组织传播可以通过新媒体创新载体，达到事半功倍的效果。各政府网站为党政组织内部提供的教育平台和文件下载链接，一般会有理论深度较高的文章，而且，政府已经把新媒体作为重要传播载体渗透到工作的各个方面，让党政工作和新媒体无缝对接。截至 2015 年 10 月 5 日，中华人民共和国中央人民政府门户网站键入"新媒体"可显示 1813 条结果，涉及推进新媒体建设和各个职能部门如何利用新媒体这一载体开展工作，而且网站本身就是新媒体的一种。

在高校思想政治教育领域，新媒体创新马克思主义大众传播的现代载体，需要从教师和高校两个最直接参与群体考虑。2013 年 5 月 4 日，中共中央组织部、中共中央宣传部、中共教育部党组《关于加强和改进高校青年教师思想政治工作的若干意见》中专门提到："创新青年教师网络思想政治工作。加强网络道德建设，引导青年教师正确使用网络工具，强化网上言行的法律意识和责任意识。通过网络掌握高校思想理论

---

① 《中共中央关于全面深化改革若干重大问题的决定》，《人民日报》2013 年 11 月 16 日。

动向和网络舆情，及时发现倾向性、苗头性问题，有效应对涉及青年教师的舆论事件。充分运用电视、校园网、手机报、微博等渠道，主动占领网络思想政治工作阵地，积极搭建网络教育服务平台，提升运用网络开展青年教师思想政治工作的能力。"① 从文章的内容看，青年教师在网络过程中存在两方面问题，一方面，青年教师自身价值观的问题，容易利用课堂扭曲思想政治教育课的主旨，形成无法律意识和责任意识的"舆论事件"；另一方面，青年教师能否高效利用新媒体作为载体进行思想政治理论传播，教师是否能在技术层面掌握数字技术、网络技术、移动通信技术为依托的新媒体，同时在意识层面掌握它的互动性、开放性和草根性的理念，从而真正将学生包含到思想政治教育课堂中而不是自说自话，真正通过新媒体强化自身信仰并正确领会党和国家的政策。

四　有利于增强马克思主义大众传播的多向互动

马克思主义大众传播的传统方式，无论是纸质媒体，还是广播、电视，往往都限于单向播报的状态。随着时间的推移，一些娱乐、体育和广告类节目逐渐增添了与听众、观众或读者互动的版块，但是就党政新闻和理论节目来说，仍然缺乏互动性。单向传播中，信息由传播者（一般是有组织的传播机构）利用他们控制的大众媒体发出，通过对速度、容量和倾向有控制的信息影响受众。在此过程中，受众是无法获得平等的地位和话语权的，正如伊丽莎白·诺尔-诺依曼所说的"沉默的螺旋"（spiral of silence）效应，受众的从众性不断强化，自由个性被淹没，没有渠道利用大众传媒进行自由发声。在单向度传播中，大众传媒几乎汇集了所有信息，他们有强大的记者团队、与党政部门牢固的信息合作关系，从而也能决定向社会发布什么样的信息，成为信息的筛选者和把关人。新闻机构、记者、政府部门等把握了信息定性和发布的权力。一定程度上讲，这种严格筛选和把关机制能够避免反动思想和其他不良信息冲击主流价值观，保护了马克思主义在意识形态领域的主导地位，但是，公众无法面对完整的信息作出自由判断，甚至沦为"盲人摸

---

① 中共中央宣传部、中共教育部党组：《关于加强和改进高校青年教师思想政治工作的若干意见》，2013 年 5 月 4 日。

象"。马克思主义在这种保护下失去了理论创新的一个重要动力——面对不同意识形态冲击过程中完善自身理论，更好回答时代问题。特别是新媒体带来的信息传播零门槛，让多元价值观成为传播界的整体现象，单向传播更显得不合时宜。可以说，这是代表党的宣传部门正面提出对单向传播的看法和改变方案。

在新媒体互动氛围下，欲增强马克思主义大众传播的多向互动，要实现三个方面的转变：第一，要从以权服人到以理服人。习近平总书记在"中央政治局就提高国家文化软实力研究进行第十二次集体学习"中指出，传播"要以理服人，以文服人，以德服人"①。马克思主义传播主体不能再作为信息的绝对控制者，也不能借助党政力量强迫受众接受，而是要借助新媒体，通过理论创新、传播手段创新，回答各种意识形态的挑战和人民大众关心的问题。只有以理服人、以文服人、以德服人，才能让大众心甘情愿地接受马克思主义，而不至于沦为符号化、口号化。第二，姿态由控制性到积极性。习近平总书记在 2013 年"8·19"讲话中提出：党政媒体要"善用新媒体……要善于主动发声。加强新媒体内容建设，积极传播正能量，针对网络舆情，我们要主动出击，善于发声，营造正面舆论导向。"② 以互联网为基础的新媒体已经成为不同意识形态交锋的主战场，靠简单行政手段和媒体"一言堂"已经无法适应新形势的发展，反而让公众反感马克思主义。只有主动出击，不仅回答问题，更要提出问题。这不仅是理论创新的必然，更是应对反动意识形态的有效途径。第三，多向互动但不能放松立场。一切互动都为了坚持和巩固党的领导地位和执政地位这一根本目的。互动性并不意味着妥协和退让，马克思主义传播主体在形式、技术手段和平台建设上都可以改变，但是立场和信仰必须始终如一。只有在这个信念的指导下，才会保持新媒体的发展始终与中国特色社会主义发展道路并行不悖。

五　有利于推动马克思主义大众传播的深入发展

所谓"大众传播的深入发展"，指其功能的有效发挥、社会效应的

---

① 《建设社会主义文化强国　着力提高国家文化软实力》，《人民日报》2014 年 1 月 1 日。
② 同上。

不断提高以及普及率的不断拓展，不断占据舆论的主导地位，走在时代前沿。推动马克思主义大众传播的深入发展，就是要推动其对内调整思维，不断创新；对外传播具有竞争力，保持主导力，并被人民群众自觉接受。

推动大众传播深入发展，就要更深层次地实现其功能。从语言学上来看，马克思主义大众传播这个词语，"马克思主义"是大众传播的定语，只有"大众传播"首先被实现，他的定语才能附属地被实现，所以在实现大众传播基础上才能谈及马克思主义层面的升华问题。因此，笔者在分析新媒体推动马克思主义大众传播这一问题时，首先要分析新媒体对大众传播功能的增强，再做出基于马克思主义层次的分析。笔者根据当代中国新媒体研究语境，将大众传媒的功能定位为四方面：新闻、宣传、教育和娱乐。首先，新媒体推动了大众传播的新闻功能。新媒体使新闻形态获得突破性发展，特别是自媒体的"转发"和"分享"功能更是让新闻呈现出井喷式发展，因此，马克思主义类新闻也可以通过新媒体更广泛、更快速传播；其次，新媒体促进了大众传播的宣传功能。大众媒体需要的不仅是报道新闻构成"发声"，更重要的是能够"被倾听"，从而达到宣传之效，这是比新闻更高层次的要求。新媒体赋予了大众传播更丰富灵活的手段，对同样的内容有不同表达方式的选择，有效地避免了受众的审美疲劳。新媒体的交互性也让受众更愿意主动参与进来，这种参与的突出代表就是"粉丝"现象。马克思主义大众传播追求效果，就要吸引更多"粉丝"，新媒体为此创造了可能。根据 2013 年 5 月 2 日的《法制日报》报道，"截至 2013 年 4 月 15 日，全国政法机关和干警开通新浪、腾讯微博总数为 28888 个，共发布微博 2200 万余条，共拥有超过 5 亿粉丝。"中国政府网继续进军微博领域，截至 2015 年 10 月 5 日晚九点，中国政府网的新浪微博粉丝数达到 11430534。新媒体的叠加效应让马克思主义传播主体的宣传功能空前放大。再次，新媒体提高了大众传播的教育功能。中国互联网络信息中心发布的《第 35 次中国互联网络发展状况统计报告》显示，就职业结构而言，截至 2014 年 12 月，网民群体里学生群体的占比最高，为 23.8%；就年龄结构而言，截至 2014 年 12 月，我国网民以 10—39 岁年龄段为主要群体，比例合计达到 78.1%，其中 20—29 岁年龄段的网民占比最高，达31.5%。因此，新媒体为加深大众传播的教育功能提供了可能性；从更广泛意义上看，政府可以通过短信群发告知管辖地居民，提醒居民有文明生活方式和传播马克思主义精神，这已经越来越被地方政府及其职能机构所使用；高校思想政治教育在新媒体技术上走出课堂，实现教育面向全社会的新局面。最后，娱乐性的参与增加了马克思主义大众传播的审美功能，从而更具亲和力。新华网和人民网都开设了娱乐频道，从网站建设上来说，中国政府网、新华网、人民网近两年都有全面改版，中国共产党新闻网十八大专题采用最新的网页技术、突破以往大型专题的布局模式，创新性的编排，展现出新颖的视觉效果，在保证报道的同时提高审美需求。

新媒体通过延伸媒体的功能，拓展空间，创新模式，形成受众注意力洼地。将其容纳进马克思主义中国化的整体进程中，有力地推动了马克思主义大众传播的深入发展。

第二节　新媒体视域下马克思主义大众传播的挑战

新媒体作为新生事物，带来诸多惊喜，其积极意义无须赘言，但是唯物辩证法雄辩地证明，凡事皆为对立统一的。毛泽东说："有条件的相对的统一性和无条件的绝对的斗争性相结合构成了一切事物的矛盾运动。"① 任何事物都有其正反两面，新媒体也不例外，只有正视其缺陷，规避消极面，才能更好地发挥其积极作用。

一　对马克思主义大众传播主体的选择造成了困惑

从传播形式和技术选择上说，传播主体面临着是以传统媒体还是新媒体平台为主的选择困境。党政传播主体无疑占据着公信力的前列，但是所占比例不容乐观。就报纸领域看，由求是杂志社主办的《小康》杂志公布的"2015中国信用小康指数"之"媒体公信力调查"结果显示，《人民日报》《参考消息》和《环球时报》位列前三甲。其中，《人民日报》和《环球时报》隶属于人民日报社，而《参考消息》属于

---

① 《毛泽东选集》第1卷，人民出版社1991年版，第333页。

新华社，都是传统党媒。但是，从信任度比例来说，"调查结果显示，21.4%的人信任各级党报，19%的人选择都市报（晚报），15.6%的人认为都不可信，13.2%的人信任科普报，12.9%的人选择行业专业报纸，9.3%的人信任财经类报刊，4.6%的人都信，4%的人信任机关报"。党媒的可信度很难说完全占主导地位，甚至在 2014 年其可信度排名一度低于都市报。所以，马克思主义传播主体既要依托传统媒介如报纸、电视的公信力，还要在新媒体领域重新开辟天地。但是，又不得不面对党政网络点击量远少于新浪、搜狐等门户网站的现状，甚至很多政务微博的转发量远逊于娱乐明星。在传统媒体界地位的逐渐淡去和在新媒体领域困难的处境，使让马克思主义大众传播主体在选择什么平台、何种技术形式作为突破口，难度很大。

另外，如何对待传播客体的困境？在传统传播模式下，马克思主义传播主体保持既有的传输者姿态，不需要做被动应对和选择。但在当下传播领域，传播客体主要是传播所作用的人或组织，他们接收来自传播主体的信息并进行解读和再创造，是某一次特定传播的终点。从整体传播过程来看，传播不是线性的，而是循环的，所以传播客体通过自媒体、个人社交平台等多种形式重新影响主体，从而改变传播主体和整个传播的语境。依据传播客体的内涵，在马克思传播过程中，马克思主义也产生了特殊的传播客体，他们是马克思主义原则和理论的主动参与者或被动的受众。他们通过自身不同层次和维度的背景在不同意义上理解马克思主义，并在实践中对马克思主义进行再诠释和再创造，自觉或不自觉地将其贯彻到自身生活和人生哲学中。这种贯彻可以是积极并深刻理解马克思主义的正确体验，也有可能是曲解马克思主义的一种错误接受模式。在新媒体时代，马克思主义传播主客体的工作和角色往往是交叉和循环进行的。整个传播过程动态化，主客体角色互换和功能整合趋势加强，马克思主义传播客体也摆脱单一受众的角色定位，越来越以积极的姿态参与到马克思主义传播的整体构造中。这种现象有其积极一面，却让传播主体陷入了传播和反馈的双重工作中，有时传播客体的再创造比自己的传播更具有效力，这样传播主体有种失去话语权的危机感。所以，选择继续主导姿态还是接受互动姿态，如何在宣讲马克思主义和倾听不同凡响时保持正确的姿态，是马克思主义传播主体的选择困境。

二　动摇了马克思主义大众传播客体的信仰认同

习近平总书记在 2013 年 8 月 19 日召开的全国宣传思想工作会议中指出："宣传思想工作就是要巩固马克思主义在意识形态领域的指导地位，巩固全党全国人民团结奋斗的共同思想基础……党性和人民性从来都是一致的、统一的。"① 信仰是永恒的，是人的精神家园，党和全国人民只有具有了共同信仰和认同感，才能共同推进中国特色社会主义建设和中华民族的伟大复兴。

但是在新媒体时代，虚拟化很大程度上取代了现实，在虚拟生存中，人发生了异化，信仰缺失逐渐显现。虚拟生存对自然和人本身的超越是有目共睹的，但是，虚拟生存不是空中楼阁，它像人类世界其他一般事物和现象一样，有其现实的社会生活实践基础。可以说，最大程度的虚拟就是最大程度的真实。有的人往往把虚拟生存简单类比成现实生存，事实上，这种虚拟生存不是对现实生活的简单复写和反映，而是对现实生活的现象进行了不同以往的呈现方式和表述语境。在这种现实向虚拟转化过程中，由于虚拟自身的特殊性，导致现实的人无法正确对待虚拟和现实的关系，无法看到虚拟生存的现实实践生活基础，将其当作独立的生存模式，从而出现了扭曲和异化现象。甚至，有些青年成为虚拟生存模式的奴隶，虚拟生存中人和人的关系被异化等，从而酿成青年一代的生活中，人与人、人与社会、虚拟与现实等各方面的不和谐。

在现实背景方面，信仰认同的缺失有深刻的社会背景。马克思认为，社会会逐渐发展为两大对抗阶级，即无产阶级和资产阶级。但是，与阶级相较，阶层这个词更能直接地区分和定义人在社会中的地位。阶层往往是根据地域、职业、学历、行为模式及价值观等标准划分的，因此不同阶层的人具有不同的职业、教育背景和心理结构，并以此得到社会定位上的区分，这成为社会多元化的基础。而且，不同阶层也不是格格不入的，他们往往都有交集，因此处于不同阶层交集的个人，也往往

---

① 新华网：《守土有责　守土负责　守土尽责》（http://news.xinhuanet.com/politics/2013-09/02/c_117180794.htm）。

难以用单一阶层解释和定位，社会角色也变得复杂。另外，同一阶层内部也不是同质化的，同一阶层也会因为更加细化的区分标准归类为不同群体。马克思主义传播主客体的参与者作为社会人，是有其阶层和群体标签的，脱离现实的阶层背景而分析抽象的人，是违背马克思主义基本精神的，也无法从现实角度得出有价值的结论。所以，马克思主义传播主客体也被抛入这种总体的社会分化中。首先，他们都戴着自己所处阶层和社会团体的有色眼镜解读马克思主义，这导致如何澄清马克思主义本来面貌的问题；其次，主客体的阶层背景不断分化，导致主体之间、客体之间以及不同的主体和客体之间的交互关系重新建立，并且因交互双方阶层和群体背景的不同而出现各具特点的新型关系，主客体的关系调整和多样化互动趋势愈加明显。这些都构成了新媒体背后社会分化的深层原因，并通过新媒体放大，形成对马克思主义信仰的冲击。

三　对马克思主义主导意识形态地位造成了冲击

如果说加入世贸组织代表着中国全面融入世界经济，那么新媒体则意味着将中国传播领域完全暴露在世界多元意识形态的格局之下。多元意识形态的引入对活跃思想、学习西方优秀文明成果、推动中国传统文化焕发生机、促进学术和科技交流带来了强劲推动力。但是，新媒体带来的审查困难、信息传播迅速等因素，国内邪教、分裂势力等反动意识形态在宗教、民族等伪装下传播，误导大众，混淆视听。另外，新媒体所带来的负面影响，不仅源于其自身的不完善性。国际方面，冷战思维依然延续，西方国家和平演变的方针并未改变。无论是太平洋岛屿链的对华军事部署，还是对华武器禁运都体现了西方反华思维根深蒂固，西方国家在意识形态领域也不放松反华攻势。2011 年，"德国之声"因"政治不合格"开除 4 名"亲华记者"，引起轰动。以管窥豹，可见虽然国内有弱化意识形态化的呼声，但是西方国家却从未放松对意识形态领域的控制。就国内而言，民族极端分子蓄意挑起民族矛盾，妄图分裂祖国，从中获利；一些人利用宗教的外衣掩盖自己反社会的本质，导致"法轮功"、"全能神"等邪教扰乱社会秩序；社会阶层的重新调整也导致不同意识形态关系错综复杂，甚至会衍生一些反动思想。这些都影响了马克思主义在意识形态领域的主导地位。

邓小平曾高瞻远瞩地严肃指出："一手抓物质文明建设，一手抓精神文明建设，两手抓，两手都要硬。"① 这说明党已经对改革开放历史环境下的传播有了清楚的认识和危机感。纵观历史，马克思主义是在多元意识形态环境中传入中国的。马克思主义初入中国，中国思想界充斥着各种流派思想，包含政治、经济、哲学等，如封建主义皇权思想，立宪党人、旧军阀割据意识，西方自由民主思想，三民主义，实用主义等。马克思主义和不同思想出现论战，可以视作马克思主义和其他意识形态争夺思想阵地的初次交锋。比较有代表性的有以梁启超、张东荪为首的资产阶级改良派，以陈独秀、李大钊、李达为首的马克思主义者，胡适为主的实用主义者和李大钊为代表的马克思主义者参与的"问题与主义之争"等。厘清中国共产党的历史理路，从来不缺少和其他意识形态的正面交锋，其中包括日军愚民文化、军阀割据思维、国民党反动派反动思想。新中国成立后，与西方和平演变势力做斗争等。正是在这种不断交锋中，中国共产党逐渐成熟。

四　降低了大众对马克思主义的关注度

马克思主义受关注度保持高水平，受众规模稳中有升。然而新媒体却有稀释、转移甚至解构马克思主义关注度的可能性，甚至在部分领域已经出现这种倾向。

第一，西方意识形态的多元化、高自由度外表的冲击。新媒体虽然首先是作为一种技术性或者工具性的存在，是超脱于意识形态领域之外的。但是作为载体资源，呈现为地域、民族国家层面的不平衡特征。西方作为新媒体技术的领跑者和新媒体国际通行规则的制定者，掌握着技术优势，各国新媒体代码编译、操作规范、运作模式也要与西方接轨，才能进入并更好地存在于国际新媒体传播领域。技术必然载负着技术创造者和操作者的意识形态，中国新媒体在借鉴西方，推动自身完善成熟的同时，也为西方意识形态进入中国开设了一条"高速公路"。而西方意识形态标榜所谓的多元思维、思想高度自由的价值取向，确实取得了一部分人的关注和信任，但实际上是掩盖其一贯的冷战思维、和平演变

① 《邓小平文选》第 3 卷，人民出版社 1993 年版，第 306 页。

的初衷，明暗两条线发展、两条腿走路。

第二，国内反动思想借助新媒体的传播。中国自新中国成立以来就鼓励思想界"百家争鸣"，中国共产党努力推动思想界的多元化，建构活泼的讨论和争鸣气氛。随着新媒体的发展，进一步活跃了意识形态领域的思想交流和观点碰撞，也加大了监管难度，使反动思想有了鱼目混珠的可乘之机。以"法轮功"为例，建立了成熟的传播体系，如比较著名的如新唐人电视台、《大纪元时报》、"明慧网"、"希望之声"广播电台等。这些反动新媒体平台有很强的欺骗性，并肆意攻击马克思主义，降低了对马克思主义的关注度。

第三，新媒体发展速度快，稀释了传统媒体的市场份额。传统媒体是马克思主义宣传领域的"自留地"，在新媒体出现和快速发展之前，马克思主义借助成熟的传统媒体系统，可以保证马克思主义的高曝光率。随着新媒体致使舆论工作面的不断延展，虽然党和政府也在加速自身的平台建设，新媒体产业规模迅速上浮的时代境遇下，党和政府新媒体所占份额日益减少，因此，马克思主义的关注度也被稀释。

五　拉大了与西方国家意识形态传播影响力的差距

马克思主义借助新媒体的发展，不断拓展自身的领域，并不代表和西方国家意识形态传播的差距相应减小，事实上，马克思主义大众传播与西方国家意识形态传播的差距日益拉大，鸿沟不断加深。具体体现为以下几点。

第一，传播创意不足，表达苍白无力。新媒体的使用，意味着技术的革新，但并不一定导致思维的变革。马克思主义传播主体往往由于传统媒体的理路，无法真正大胆地创新马克思主义传播的语言体系、表达形式和传播内容，导致"新壶装旧酒"的尴尬。很多政府网站几乎是将传统的展板照搬到网上，网站的版面设计、扩展功能、传播效果，几乎是传统展板的电子化而已，独创之处寥寥无几，表达效果和传统展板无异，苍白无力。因袭守旧的思维模式严重限制了新媒体视域下马克思主义大众传播的效果，进一步拉大了与西方国家的差距。

第二，格式化严重，平台功能向度单一。马克思主义的新媒体平台，往往采取相似的格式和体例，网站、微信平台等建设千篇一律，政治化程度强，而亲和力不够。平台功能单一，无法照顾民众对平台的多向度需求。以审美需求为例，中国党媒、政府媒体往往以红色和严肃的暗色为主，缺乏活泼性，给人以距离感，无法照顾民众的审美需求。民众无法在浏览网页时选择自己喜欢的背景。除人民网等少数网站之外，也没有方便盲人的语音播报功能。这些细节都显示我国党媒和政府媒体都有很大的可提升空间。相比之下西方主流媒体做得就更加人性化。以纽约时报中文官网为例，右上角提供了"工具"选项，浏览者可以自由选择版式、下载纽约时报各类 APP 应用、注册成为纽约时报会员等，这极大地丰富了网站功能，拉近了与读者的距离。

第三，内容分享路径少，思考空间少。在新媒体技术支持下，马克思主义传播更加迅速，但是这种传播往往陷于单向度的信息释放，而缺乏互动，留给受众的思考空间很少。党媒和政府媒体更多的时候起到的是公告板的功能。人民网开设了强国论坛，是一大进步。但应看到，就这些媒体的新闻本身而言，仍然缺乏开放性。对于一些政治事件和活动，没有跟进补充各方面观点和评论，而且大部分媒体所提供的分享路径（例如 QQ 空间、微信、人人网、开心网等）较少，最多的是新华网，提供 38 个分享路径。而西方媒体提供的分享路径要更多，以法新社为例，其官网的文章提供 207 个分享路径，传播速度和广度远超国内媒体。

第四章　新媒体视域下马克思主义大众
传播存在的问题及原因

随着国际局势的变化和中国特色社会主义建设的逐步推进，新的时代课题也必然和马克思主义大众传播不期而遇，新媒体所提供的历史背景更加速了这种趋势。传播五维要素尚未成熟，仍留有传统媒体时代一些缺陷的痕迹，另外，新媒体在未能完全解决传统媒体同样问题的情况下，又催生了新的棘手问题，这些问题集聚，共同冲击了马克思主义大众传播的顺利进行。当代马克思主义大众传播需要面对更加复杂的社会、政治、经济、生态和民生因素的共同作用，这些领域的变化，反映到意识形态领域，突出表现为新媒体情境下马克思主义大众传播的作用因素复杂化，其原因也值得进一步深究。

第一节　新媒体视域下马克思主义大众
传播存在的问题

新媒体不是凭空而来的，而是人类技术、社会结构和交往模式长期变革的产物。因此，既然是新生事物，无论是技术上的还是从业者思维方式上，新媒体都不可避免保留一些传统媒体的缺陷。另外，人们很难全面把握新生事物的特点、规律。通过大众传播，新媒体的问题会产生级数放大效应，非正向价值雾霾遮蔽马克思主义大众传播的未来。这些都要求对新媒体在马克思主义大众传播中存在的问题持谨慎态度，全面考察，并寻找可行办法应对。

一　传播主体运用新媒体的自觉性及能力不够

与大众对新媒体的接受速度相比较，党政机关和马克思主义理论者的反应相对落后，甚至部分人对通过新媒体开创马克思主义大众传播的可行性和效果提出质疑，自觉融入新媒体生态的拒斥取向仍显突出。这部分人认为把握好报纸、电视等传统媒体就可以站稳舆论阵地。例如，很多政府发布信息主要是集中于电视、报纸等传统媒体，新媒体方面主要通过政府官网来发布。对于新兴的发布平台，例如微博、微信公众号和QQ认证空间等，还未广泛使用。近几年，部分单位开展了官方微博信息发布工作，但往往仅限于发布即时信息，完整的政策性内容鲜见。新媒体一般不被考虑为重大信息和决策的首发地，甚至新华网等主流网站也要转引报纸和电视台，而自身首发的信息多为通信类。纵观马克思主义传播史，马克思、列宁、毛泽东先驱对于宣传马克思主义向来是多种形式并举，在一切可能的传播阵地占据高地，把握舆论战线战略优势。新中国成立以来，中国共产党有了以传统媒体为基石的成熟而强有力的传播体系，但是这是一把双刃剑，这个成熟的传播体系为马克思主义传播创造了舆论根据地，用成熟的形式、高效的手段和严谨的管理推动马克思主义大众传播；另外，新媒体井喷之势下，这个体系的转型慢于时代节奏，反而有成为马克思主义进一步站在时代前沿的桎梏之嫌。

从驾驭新媒体为马克思主义大众传播的能力来说，将马克思主义和新媒体有效对接对很多马克思主义者和新媒体从业者是个极大的挑战。一方面，正如上一节所说，新媒体从业者素质上升空间仍显过大，往往不具有深入思考、领会并运用新媒体方式表述马克思主义内涵的能力，他们往往在意运营能力和技术能力的臻于完善，而非理论内核的深度挖掘。另一方面，更重要的是，相当部分党政机构人员、马克思主义理论工作者、高校思想政治老师和个体马克思主义宣传者缺乏应用新媒体技术的能力，或者掌握了新媒体技术却无法通过这种技术有效表达的能力。事实上，新媒体对个人技术能力有一定要求，如何发布，采取什么样的语言和推广策略，具体的技术选择和手段组合，都需要高度专业化的知识，然而恰是这方面呈现人力与需求的严重不匹配。再者，从自身知识能力来说，长期的文本研究和通过传统媒体接受马克思主义相关教育，也使很多人失去了用新的方式转化马克思主义的能力，他们往往习惯于用论文、报告形式表达自己对马克思主义的认识和见解，而如何在新媒体平台上出场和发言，反而陷入无所适从的境地。传统马克思主相关工作者缺乏在新媒体领域自然出场的能力，往往在新媒体领域沿用传统的表达，重说教而轻交流，重理论研讨而缺乏通俗对话。这种能力的欠缺本身就违背了马克思主义植根于社会实践的本来面貌。

二　传播客体的选择及自律状况不佳

受众虽然包含一个"受"字，但不能以康德的"分析"方式得出其必然的被动地位，事实上，他们有自己的远择主动性，而且受众可以通过具有强大互动功能的新媒体去影响传播主体，甚至反客为主，引导对马克思主义的解读。受到改革开放和国外思想冲击，当下受众的去意识形态化倾向明显。马克思主义长期居于主导地位，对价值观的引导和国民性格的塑造起着不可替代的作用。随着新媒体发展，传播的大众化趋势日渐明显，而大众化本身也会对马克思主义传播氛围有稀释作用。"大众内在地存在着一种消解和规避权利和霸权的力量，他们甚至从内部和底层创造出一种文化形态和话语结构以对抗来自政治上的话语霸权。"① "霸权"固然有言之过重之嫌，但是这种具有压迫力的表达方式确实引起极大反抗力，例如"娱乐至死""草根文化"都有规避政治和意识形态的明显倾向，而且即使涉及政治的传播话题，往往负面为主，政府负面新闻被无限放大；对马克思主义本身，也加以标签化和口号化理解，深究的意愿往往过于淡薄，不能深入其理论深层，实现其实践要求。不可否认，民主化进程进一步推进、西方思想的冲击、传统受众理论化水平整体不高等是重要原因，但传播主体未能实现良好转型以至于无法进一步引导传播客体正确取向，则是直接原因。传播客体不满足于相对于时代而落后的媒体姿态和传播方式，并有了自己可以直接表达的多种媒体形态和社交平台，从接受主流政治宣传到规避政治而言他，去意识形态倾向日趋明显。事实上，对于这种转变，并不需要太过紧张，去政治化不等于反对当下政治，更不能曲解为抱有敌意的全盘否定。只要马克思主义本身做出调整，适应不同媒体形式的新的表达方式，从而接地气，不要以高压对反抗，就可以更加稳固地占据舆论阵地。马克思

---

① 易如：《"马克思主义"：从符号到大众化——传播的视角》，博士学位论文，复旦大学，2009年。

主义变相表达不能变成对马克思主义本身的暧昧，而是在坚持马克思主义基本理论框架的基础上，对于以往媒体单一政治宣传的比例重新调剂，政治生活在人们生活中的比例应当重新定位。

三　传播内容上信息的编码质量不高

马克思主义理论表达不是碎片化的，而是作为一套具有严谨编码的成熟体系，作为整体而被呈现。马克思主义经典文本，用完整成熟的马克思主义原则和理论视角，对一个类的问题进行系统的分析和讨论。这里体现着对问题的系统化认识基础上，将问题纳入马克思主义体系内，进行详细的剖解和回应。传统媒体在党和政府领导下，长期在体制内运转，所处环境单一稳定，不需要太多信息筛选和辨别，声音比较连贯一致，信息编码成熟而固定。随着社会要素复杂多元，社会中组织和个人所受影响因素不再单一化。不过，随着改革开放和全球化，环境变得复杂，在"传播主体上，经历着从封闭到开放的市场的力量、社会的力量、西方的力量和宗教的力量等多重竞争力量的变革"[①]。这些力量一方面为传统媒体提供了新的素材和语境，新鲜感也容易使人接受，另一方面，环境和问题日益复杂化和多元化，也对传统媒体的工作提出挑战，而且新媒体自身碎片化和快餐化的传播特征，导致其对马克思主义不能进行完整、成熟而有效的编码。某些力量带来有预谋或者不自觉的负面效应，导致舆论混乱和主体价值观的缺失，任由经济类指标组成的评价维度渗透到很多媒体的话语中，底线思维有淡出马克思主义视野的危险。同时，还有一些西方和宗教势力甚至故意抹黑马克思主义主体思想，传媒主体要面对诸如"人权""自由"等概念，站在马克思主义和党的主题思想的维度进行重新辨析以对抗西方反华和宗教极端势力的诘难，以更大的责任和工作量，面对碎片化方式层出不穷的挑战和问题，新的工作状态和论战需求都要求马克思主义传播编码的进一步成熟。体制外新媒体的兴起，传播主体进一步分化，难以统一管控，法规真空或说规则稀薄的缺点暴露无遗，马克思主义不能时时刻刻对所有新媒体掌

---

① 倪邦文：《新时期马克思主义在青年中传播主客体关系变化的深层透视》，《中国青年研究》2013 年第 10 期。

握主导地位，有时新媒体的变化反而是更直接地反映环境变化对媒体的塑形作用，他们中有一部分也缺乏马克思主义信仰和理论修养，从而容易被拜金主义化、西化或者宗教极端化。可见，传播主体的进一步自我完善和体制建设势在必行。另外，在新媒体时代，新媒体从业者的素养受限，往往无法承担有效地信息编码工作。首先，新媒体从业者是作为媒体人出现的，技术和传播效益往往是他们首先考虑的内容，例如追求炒作，推崇网络大 V，新媒体的效益思维使其不能完全耐心且负责任地面对马克思主义及其传播。其次，在面对马克思主义时，他们在专业背景上缺乏素养，往往是为追求噱头，断章取义，或者强加联系，混淆概念和关系。最后，马克思主义因其占据主导地位，是很多新媒体从业者无法避免的话题，但马克思主义在他们的新媒体工作中往往成为装饰性的元素，而不是以之为基础的主干。他们往往是根据自己的个人意见或单位意见评论和分析某社会现象，然后引用一部分马克思主义经典话语或当下国家政策，分析问题和现象的根本思路与马克思主义相去甚远。这种信息编码纯粹沦为了形式化，对马克思主义的大众传播有害无益。

四　传播渠道的自身环境令人担忧

新媒体有其独立性，它作为一个独立实体在当代社会出场，有其自身的生态和规律。新媒体作为新兴事物，其发展速度远超其规范性建设，着实令人担忧。具体来说，第一，新媒体呈现出多主体的格局，管控工作困难。某一特定新媒体形式虽由一个公司统一发布平台，但具体平台的使用却是掌握在无数的单个人手中。例如，微博和微信朋友圈等等，设想通过有限的网警或者平台维护公司来甄别用户信息，似乎不切实际，一些网络大 V 可以通过个人平台发布影响巨大的言论和信息，却不能用现在的法律去规范他们的行为。第二，新媒体的语义障碍。新媒体有其特殊的语言结构，表现为不断出现热词和新句，看似比较宽松自由的表达环境，但也过于随意化，缺乏深度，戏谑性大于严肃的现实批判性，这种语言生态往往不能完全传递严肃的马克思主义理论，通过转译也往往失去原貌，从而导致马克思大众化传播过程中原意的丢失和褪色。第三，繁重的信息甄别工作随着新媒体的迅速发展产生井喷趋势。一方面，新媒体增强了媒体整体获得和交流信息的能力，信息爆炸不可避免，信息量激增严重挑战马克思主义理论界的回应速度和能力。另一方面，从单个信息来说，其遮蔽性也增大，一条信息由于来源不同、发出者或转载者目的不同，从而使原始信息发生了扭曲，并且同一信息包含多重细节，甚至其内在信息与表面信息大相径庭，这也考验着马克思主义理论者的辨析敏锐度。第四，新媒体造成人们浅阅读、习惯于表面信息的习惯，从而不愿意深究和钻研严肃而有价值、有深度的理论。快餐化的传播模式培养了快餐式的接受模式，有着几百年积累且有深刻内涵的马克思主义，不可能通过碎片化、快餐式的表达来传递完整有效的价值信息和明确指向。得到受众青睐的反而是一些仅仅有马克思主义元素却并不是核心价值的相关信息，一个不能系统化表达的马克思主义是否还能够实现有效传播，要打一个大大的问号。

综上所述，探讨新媒体对马克思主义大众传播的助推时，应注意这个推动力的正反两个方向。新媒体给予马克思主义大众传播向前的推动力，使其能更好、更广泛地在接触当下时代的基础上实现自身变革。但不可忽视，由于以上几点原因，必须正视新媒体对马克思主义传播可能产生的损害，只能尽力做到趋利避害，避免或减少它的弱点。

五　传播效果上虚拟空间与生活世界的脱离及监管失位

"虚拟"首先是一种通过网络技术使得现实生活符号化，用"bit"作为信息流的计量，将现实生活抽象为信息技术视界中的信息流，实体化消失，体积、重量、广延被扬弃，"它以知识、信息、消息、图像、文字作为自己的形式，以场的状态而弥漫在空间"①。但在更深的哲学意义上，虚拟代表着信息化和符号化所导致的人类思维方式、话语方式和实践方式的变革，虚拟化提供了一个不同以往的世界，在此，人的创造性思维得到广阔领域，以往生活中和理论中所设置的界限被突破，人类思维逻辑结构需要打破和重组，即生存与虚拟空间。

虚拟空间在人对自然的突破和人对主体自我的超越两方面有变革性进展，但虚拟生存中这两方面的突破是双刃剑，它们既是推动人实现自由全面发展的一种途径和方式，同时也把人和现实生活世界剥离开来。

---

① 胡心智：《信息生产力初探》，《哲学动态》1998 年第 12 期。

总的来说，可以从以下几点来阐述。第一，虚拟空间赋予了人前所未有的超越能力，从而使"设限"的传统思维受到挑战。在西方，不管是柏拉图高居天国的理念、基督教的上帝、休谟的温和怀疑还是康德设定的人和物自体的鸿沟，都意味着人是被"设限"的，人有自己的能力范围。在中国，慎行中庸也是君子的做法，正如朱熹所言："是以君子既长戒惧。"① 但是，虚拟生存带来的便捷和丰富的信息，让处在虚拟生存中的人不断突破自己的界限，包括能力界限和修养界限，做出一些无法做到的事或者不应当做的事情，而不必为此承担后果和责任，或轻微责任。所以，人完全受自己个体的任意性控制，不再去想现实生活中的影响和应承担的责任，自己成为自己无社会责任（从而是无社会性）一面的奴隶，这时的人，不再是自己的本质。第二，在虚拟生存中，人和人之间关系非真实化。虚拟空间赋予人以新的社会角色和社会定位，从而导致社会结构在虚拟空间的重组。新的定位理应伴随着新的责任和义务以及相匹配的管控机制，但是，网络的自由性和开放性无法实现有效的管控和义务监督，网络中信息也存在严重的不对称，大部分虚拟生存中的"居民"无法实现现实生活中社会角色的完整性，而社会角色权利、义务、能力、信息对称和被管控的完整性是人们正常交往秩序得以维持的基础。因此，在虚拟空间中，人和人交往无法通过各自完整的社会角色作为有效安全的手段，人们之间的交往往往处于低效和不安全状态。因此，虚拟生存中任何人的关系表现为非真实的关系，并非网络理念所宣称的自由、平等、开放，一些人被另一些人所控制，失去判断，例如网络谣言等。人在自己的网络中创造出和自己对抗的关系，虚拟空间不同人之间形成了奴役和被奴役的关系，人和人相异化。第三，虚拟空间扭曲地表现了生活世界。虚拟空间不可能不表现生活世界，但是虚拟空间对生活世界的变形甚至扭曲表达，有时让虚拟空间和生活世界变得更远。例如，在网络等新媒体出现之前，比较典型的虚拟空间表现为宗教的设计和想象。宗教作为一种虚假的社会意识，不能说它不反映生活世界中的经济、政治和社会生活，但是它的扭曲表达不但没让人

---

① （清）黄宗羲：《明儒学案》（下册）卷六十二《蕺山学案》，中华书局1985年版，第1580页。

看清这种联系，反而遮蔽了这种联系，不但没让人贴近经济、政治和日常生活，反而远离它们。网络亦是如此，网络基于真实生活世界，但是并不真实地反映生活世界，甚至在网络里出现反向满足和表达。例如网络游戏，它让很多生活中的觉得自己为实现人生价值的人获得满足感，网络创造了一种虚假的言论自由，这种失控的自由毋宁说是一种混乱，反而让人远离了真实世界中的表达诉求的途径，例如法院、信访制度等，网络政治的参与甚至容易导致现实政治参与的萎靡。

随着网络平面空间的拓展、事件产生的复杂性和可拓展深度逐步增加，监管机制囿于传统机制框架，很难完全适应新媒体时代的监管需求。以网络直播为例，直播内容往往具有即时性，直播者账号申请门槛低，受众范围广，这需要监管机制更加迅速、高效，更加具有辨别能力。审查速度加快，内容辨别细致程度提高，都是对监管部门、相关人员的极大挑战。从立法角度来说，法律的变革速度往往落后于新媒体带来的新现象的出现速度，这也为监管机构寻找法律依据提供了难度。从监管机构本身来说，机构革新速度慢，人员专业水平落后于新媒体实际发展速度，业务意识水平低，这些都限制了监管机构的业务水平。

第二节　新媒体视域下马克思主义大众传播中存在问题的原因

原因作为事物之根据，因其玄而又玄的属性，向来作为一个经典的哲学概念被探究。新媒体的既成结构复杂性、发展变化的快速性特点，都让新媒体问题的原因难以捉摸。必须分析新媒体、马克思主义和大众传播三个逻辑根源以阐明马克思主义大众传播的问题之根，所以对其的原因分析，也因这种交叉性质变得更加棘手。具体讲来，可以从新媒体自身属性、传播主体特点、社会环境和管理机制等方面入手，照顾历史与现实、习俗与制度、技术与文化的全方位原因分析方法，以期有所裨益。

一　传播主体的适应发展缺陷

传播主体是新媒体活动的发起者、评估者和修正者，传播主体所固有的缺陷会在多重向度上限制新媒体的发展。

（一）指导理念与新媒体发展不相适应

自 20 世纪 90 年代以来，技术发展、平台转换大潮下的新媒体发展的速度远超管理模式、体制机制和思维范式的变化速度。传统媒体具有行政机关、事业单位或者国有企业性质，处于体制内运行，局限于马克思主义传播的定义域内而论，传播主体的核心力量或者说方向掌控者，并不完全是媒体从业人员，而是其背后的党政机关和组织，其传播策略受到自身历史惯性和长期工作作风的影响，会有较强的党组织或政府机关的印记。而且，保证政治方向和意识形态上的纯粹性也是马克思主义大众传播的重要旨归，这从另一方面也限制了马克思主义大众传播相关媒体的表达方式和运作灵活度，因此从另一个角度也造成了新媒体时代传播主体的适应发展缺陷。

我国目前的新媒体发展，并未获得完整的独立地位，历史背景不应被抛出逻辑探讨之外，应看到其往往具有行政和传统媒体单位的背景，其一开始的表现形式，一般不具有与生俱来的独立定位和角色。以第一个党政门户网站人民网为例，是依托于《人民日报》这一传统媒体单位的，虽然现在已经逐渐独立化，但是其所具有的与《人民日报》的历史渊源和秉承的传统媒体的惯性，仍然难以在短时间内被革新。即使将问题归置于新媒体语境中，马克思主义大众传播主体对党政机关和传统媒体的依赖地位不可否认，甚至很多政府微博，不过是电子版的"公告板"而已，新媒体本身的特点难以得到真正的重视，新媒体传播带来的巨大潜力仍没有被深度挖掘。

首先，新媒体在话语空间的延展颠覆传播主体的结构，必然使传统体制内的托拉斯垂直管理变成多中心的管理。作为重要传播主体和主要规范制定者的政府，本应遵循市场规律，但是很多媒体往往只能通过引导的方式产生影响，秉持着居高临下的错误姿态，"自律"思维不被重视，认为其产生缺乏统一化的管理体系，试图参与以引导和自律为基础的多中心管理模式。目前，新媒体自律分为有组织和无组织两种。有组织的自律主要表现为以行业协会和行业公约为代表的行业自律。2013年 3 月 14 日，《国务院机构改革和职能转变方案》指出"加快形成政社分开、权责明确、依法自治的现代社会组织体制"①。行业协会自律机制承担更大责任，符合市场经济基础作用的战略定位，但是市场经济本身的缺点和中国体制建设传统思维的局限性，会使行业协会自律的功能不足甚至自身失范。行业是由新媒体实体组织构成的，他们有自身的利益导向性，所以在其之上的行业协会也可能会在利益和自律方面做出错误决策。从体制建设方面来说，行业协会虽为近 15 年来的年轻产物，但是其内部体制架构往往参照政府机构等传统组织的架构方式，传统行政化痕迹明显，沿袭了传统的低效、责任不清等体制缺陷，而且协会内部权力分配也往往受到行业内不同企业市场份额不同的牵制，很难保证运行的公平合理。无组织的自律主要是新媒体从业者的自律，这种基于道德自觉和精英自省的类似传统儒学的治理模式，难以安排如今的多重要素，回应冲击从业者思维和底线的各种声音。

其次，亚文化不再满足于稀薄的"出场时间"并日益躁动，新媒体主体因其传统指导理念，很难做出平等姿态的建设性回应。很多新媒体从业者属于亚文化中的核心或意见领袖，如何让自身融入亚文化的话语领域，又让亚文化把握马克思主义从而自觉融入其中，是一个艰难的工程。在此，很容易出现亚文化青年群体排斥马克思主义的现象，而他们是当下新媒体工作的主要运营中坚和技术骨干，也是新媒体受众的主要群体。因此，这不是体制、技术等显性的可调整区域，显性的口号教育的效果往往失声，反而隐形运行机制如鱼得水，这使此领域的导向更难把控，而这个过程中的任何偏差都会导致新媒体中马克思主义大众传播的南辕北辙。

最后，技术不仅是指物理层面的技术，还包括管理和流程上的技术。在新媒体主体发展理念上，重技术而轻管理、重平台而轻平台之间的流程，已经成为思维桎梏。传统媒体的信息制造是一种基于单向流水线的技术流程，从信息采集、编码归类、整合梳理到最后的向大众传播。新媒体时代则使原来的作为流水线终端的受众都可以在博客上发表意见和博文，向 Youtube 或优酷等门户网站上传自己拍摄的音频视频文件，使用人人

---

① 《第十二届全国人民代表大会第一次会议关于国务院机构改革和职能转变方案的决定（草案）》，《人民日报》2013 年 3 月 15 日。

网、微博或论坛发出自己身边亲历的具有新闻性、未经筛选的原始信息，使用 Skyscraper、开心网等参与全球范围内的热点新闻事件并参与信息分享，而且在这个"@"某人的年代，可以直接和名人互动，反而比媒体更早获得有新闻价值的内容。新媒体业内不断更新和推广技术，无疑深刻改变甚至完全颠覆了之前的信息生成和传播方式。新媒体的用户不断突破传统媒体所设定的垄断和管控，不甘于也确实不再是传统传播学意义上的受众，而成为新媒体时代信息流水线的生产者和扩散源。原来的产品一条龙变成了每个人都是参与产品制作的所有方面，所有人都是发起者、制造者和受众。不仅流水线顺序被颠倒，而且这种新闻产品生产方式的重构使得产品的丰富性和即时性都远超传统媒体。

（二）对马克思主义鲜明的时代特色、民族特色、实践特色认识不足

马克思主义具有极深的理论厚度和绵延二百余年的实践张力。因此，对马克思主义的把握不仅仅是一个学术问题或者是实践问题，而是需要在两方面都要有所深入，才能有所把握。特别是马克思主义的时代特色、民族特色和实践特色，在舆论界的软性力量积累中有举足轻重的作用，把握这三个特点所体现的历史厚度和时代标识，把时代新风导入马克思主义大众传播的前景画卷中。

然而，因为当代社会大分工愈发深入，专业趋于精简化，工作专业化程度提高，各专业之间隔阂和鸿沟也在逐步加深。理论工作者、党政公务人员、新媒体运营人员、新媒体技术人员分工明确，特别是处在新媒体运作第一线的专业媒体人和技术人员，往往没有专业的马克思主义理论背景，对自己的定位也是只负责技术方面的专业问题。这种运作机制虽然高效专业，但是因为囿于最终执行者的新媒体运营人员的马克思主义素养问题，最终效果其实难堪初衷。

党的第十七次全国代表大会上，胡锦涛同志又一次在报告中强调指出，要建设社会主义核心价值体系，"必须大力推进理论创新，不断赋予当代中国马克思主义鲜明的实践特色、民族特色、时代特色"①。中

---

① 中国共产党新闻网：《党的十七大报告解读不断赋予当代中国马克思主义鲜明的实践特色、民族特色、时代特色》（http://cpc.people.com.cn/GB/67481/94156/105719/105723/106451/6720125.html）。

共深刻研究国内外形势并审时度势，扎实推进立足于时代化、民族化和实践化之上的理论创新，先后形成了"农村包围城市""统一战线""改革开放""社会主义荣辱观""四个全面"等一系列具有时代、民族、实践特色的理论创新成果。从学理上勘定了"三化"的基本内涵和外延，让理论界和思想界宇内一清，回应一些感性的判断和误解。

遗憾的是，新媒体传播主体在马克思主义大众传播中难以实现对其时代特色、民族特色和实践特色的完全把握和表达，未能抓住核心特点，容易让马克思主义的表达沦为符号化。新媒体意味着符号化时代的到来，马克思主义也不免融入这种潮流，关于其时代性、民族性和实践性的内涵讨论和诠释很少见诸媒体传播。信仰马克思主义、遵循马克思主义价值观、中国特色马克思主义等口号耳熟能详，但大众很少能深刻理解，所以马克思主义大多是作为一种符号而被大众所认知。大众对马克思的理解往往停留在模糊的肯定这一意义之上，但这种符号化传播已经无法跟上现代的发展潮流。当代社会，人们的理性思维占有突出地位，依靠各种概念、定义及其内涵做出理性的判断，不再盲目情绪化接受，符号化传播越来越无法立足。特别是新媒体，通过各种新语言和思维模式重构当代语境，理论和概念要经得住推敲和反诘，特别是对于长期作为符号传播但又极其模糊化的"马克思主义"这一概念，受到的诘问就多如牛毛了，符号化传播是传播的基本形式，但让大众信任并理解才是目的。

（三）对新媒体环境下的传播特点把握不准

新媒体之所以"新"，必有其具有鲜明的自身传播特色，对于新媒体的把握，既要做到传承传统媒体经验，借助传统媒体既有资源，发挥传统媒体的正向效益，更要以开放心态，破除既有模式和僵化思维，以更加包容性的态度审视当下传媒新特征，承认其存在的合理性，而不是一味地拒斥，应是在承认的基础上，把握新的传播特点，从而制作新的发展蓝图。目前来看，新媒体传播主体对新媒体环境下的传播特点至少在两个方面存在不足。

首先，信息源一元与媒体多重主体环境矛盾的特点没有被重视。信息源有两重含义，一是从信息所代表的事件而言，作为一个事件，任何一个信息都是完整的个体。因而，信息源的本来面目只有一个。二是从媒介的角度来说，每一个最先制造一个信息的媒体或个人都可以被称作信息源，所有的转载、改编和传播都基于这一个出发点。但是，在新媒体时代，媒体运行的多主体性凸显，对于同一事件，不同媒体或个人在其知识背景、价值取向和所依托的技术形式不同的情况下，可以从不同方面对事件所含信息进行有选择性的、改造化的传播；对于同一个媒体或个人发出的原始信息，也会基于自己的先见或不同立场进行各具特色的解读。这种媒体的多主体性可分为横向和纵向两个方向。横向上来说，媒体广泛性容易造成对完整事件和信息的碎片化传播。人们很难通过几个平台就能够完整地了解原始事件和信息。面对众多的信息报道，将碎片化信息重新组合几乎不可能完成；从纵向上来说，同一信息源到达受众要经过好几个新媒体平台的改造和过滤，本已碎片化的信息还要加上一定的扭曲，更是让人很难把握原始信息。似乎只有通过统一的有效监控才能保证信息源和受众的精确互达，事实却呈现出悖论：越需要被管控，越因传播主体多样，反而更难管控。

其次，传播主体不能正确认识到新媒体传播主客体交互性定位变化的特点。新媒体时代，传播客体反客为主，试图改变以往单纯接受和倾听者的角色，更愿意成为一个媒体中的讨论者，参与到一种对话中去。形成这种趋势有多重原因。一方面，技术变革提供了各种便捷的平台，每个人有了表达自己的技术可能性，而且这种个人参与平台的传播速度和反应速度远胜于传统媒体，又由于其草根性更具亲和力和感染性，有些受众更相信这种由个人参与的平台所直接发布信息更具真实性，特别是传统媒体的一些不实报道加剧了受众的信任感缺失，从而寻找平民化媒体平台获得信息；另一方面，社会结构多元化和利益诉求多样化，传播客体不仅要发出不同于传统媒体的声音，而且传播客体内部也会出现分化，不同阶层和团体争相表达自我，他们通过多种渠道发出声音和表达价值观。由于这种表达竞争甚至使得某些团体有话语被淹没的恐惧感，这进一步加强了表达的愿望，这往往形成了一些有强烈倾向、主题明显的媒体形式，例如有专门主题的论坛、贴吧等，它们都有专门的讨论范围，态度上有基本的倾向。但是，一个更根本的原因是传播客体长期所处的弱势和被灌输地位，缺乏成熟的表达疏导机制，表达欲望长期无法释放，"传播客体在信息接收过程中处于何种情绪状态是一个容易被人忽视但却非常重要的因素"①，这导致强烈的表达欲望在新媒体的技术所提供的渠道下如火山喷发，这种释放形成了一种特殊的信息爆炸，更关键的是受众愿意倾听这种新话语，因为它本身就来自受众。面对这种趋势，很多传统主流媒体在报道时经常援引网民评论，开展网上调查并作为新闻分析的依据，同时采取网民流行语作为表达方式，这种谦卑正体现了传播客体的日渐积极强势。

（四）人才团队建设尚有提升空间

新媒体不是一个机械式的技术型概念，它反映了背后运作的整个队伍和人才结构。是否具备人才并组合成强有力的队伍则成为新媒体下马克思主义大众传播是否能够有效深入开展的人力资源关键节点。

新媒体队伍建设缺陷明显。首先，从知识背景上来看，不同专业知识背景的人之间的差距，让他们组成的新媒体队伍整体难以发生良好的化学反应，特别是以马克思传播为主的新媒体平台，融合思想政治教育者、马克思主义理论研究者、行政公职人员、新媒体平台管理运营人员和技术人员等多种人员，需要他们相互配合才能实现作为整体的平台有效地传播马克思。但是由于分工不同和专业背景方面大相径庭，每一环节的人对马克思主义和国家政策的理解往往有不同甚至矛盾。马克思主义传播需要平台中每个人都要参与，但并不是每个人都对马克思主义有深刻了解，比较透彻了解马克思主义的人员往往不熟悉平台运作和技术工作。既定目标如愿达成的诸多细节也蕴含分歧产生的可能。这不仅使工作沦为低效，甚至会出现内部矛盾，不利于队伍团结。从所处社会结构和阶层来说，不同的新媒体从业者也希望通过传播工作传达自身的利益诉求，马克思主义难以有效祛蔽，公众引导力减弱。

其次，从人才储备上看，当下工作还有很大欠缺。队伍是由相当多的个人组成的，每个人凭借自己的才能成为支撑队伍、推动队伍建设的原动力。然而，当代新媒体人力资源结构、质量和数量全方位落后：新媒体所具有的新属性决定了大量需求复合型人才，在技术层面上，要求从业者掌握策划、编审、操作，以及后期的反馈和维护工作，具有利用计算机平台高校。当前我国高校学生的生产和阐释马克思主义的能力。

---

① 曾宪明：《论传播主体对客体情绪心理的营造》，《新闻爱好者》2013年第6期。

但是从高校培养角度看，培养模式长期停滞不前，新媒体人才仍被置于传统学科的划分框架下，这和新媒体的特点相去甚远。比较典型的表现，例如学科属性、教学体系、课程安排、实践性培养等相对滞后；缺乏有经验的专业老师和教育资源；新媒体专业教育依附于传统学科的评价体系而不能自主，从而以缺乏新媒体规律的模式套嵌新媒体的本应更具个性的教育和评价体系。而且线管专业人才的培养往往落后于新媒体实际发展或者培养不对口，难以在工作后立刻适应并创造效益。而且，放置在马克思主义大众传播视角下，对人才队伍的要求就更高，马列理论素养也要经得起推敲，并知道如何有效表达，因此，承担马克思主义大众传播的新媒体队伍一直存在诸多问题。

完善队伍建设，首先要改变人员结构。不断吸取具有新媒体运营经验的人才，优化人才配置。任何新产业的兴起往往从其他行业汲取人力资源，新媒体依托大量专业人才才能起步也是不争的事实，其他行业转过来的人才虽然带来大量经验，但是也囿于技术水平和传统媒体思维框架，窠臼亦是难免。其次，提高马克思主义大众传播主体队伍的政治素质，提高其意识形态的敏感度，在创新形式的同时不偏离马克思主义的基本政治方向，将话语权争夺放在工作的重要位置。最后，保持队伍更新换代。新媒体发展迅速，往往超过人才培养速度和从业者自我知识更新的速度，所以，要实时补充适用于新技术的人才，保证人才队伍建设与时俱进。

无论是指导理念与新媒体发展不相适应，还是对新媒体环境下的传播特点把握不准，归根结底都是队伍建设的问题。传播主体虽然可以归结为传播平台、传播组织等，但这些主体都可以被解构为作为原子的个人及他们所组成的团队。欲革新指导理念、凸显马克思主义大众传播中的时代特色、民族特色和实践特色，准确把握新媒体环境中马克思主义大众传播的特点，需要不断促进马克思主义大众传播主体队伍的专业化、精尖化和制度化。既要发挥个人才华，储备专业人才，又要做好系统规划，产生"1+1>2"的效用，让团队的力量大于个人的简单累加。

二 传播客体受多种社会环境的影响

（一）西方各种思潮的文化领导权扩张

文化领导权在任何时期都是贯穿于政治、经济和社会各领域的高频词汇，在人类历史上，文化领导权的争夺出现在不同国家、民族和利益集团之间，这决定舆论的走向和人心向背，是实现其社会控制和利益事项的重要保证，从而引领社会发展方向并规定社会结构的变迁。

改革开放使社会主义中国与资本主义国家有了建立在经济基础上的对话可能性，从而实现了和平且合作的共赢局面。而且从党的工作中心转移到经济建设上来以后，意识形态不再被浓墨重彩地宣传，有放松变淡的倾向。然而，西方的意识形态依旧强势且具有侵略性和主动性，不过，受冷战思维和后殖民理论思维影响，资本主义意识形态采取了更加隐蔽的途径和更加潜移默化的方式，不断输出西方主导的价值观，让这种意识形态输入更像是一种中立性的文化交流，从而使普通中国大众难以辨别其根本企图。从我国内部讲，经济的开放和体制的改革让大众思维发生了转变，中国大众用更加包容和开放的目光审视这些外来思想，并在很大程度上自愿接受其影响，对西方意识形态不再采取单纯拒绝的方式。资本主义意识形态为基础的各种思潮和马克思主义中国化的意识形态发生碰撞，构成了复杂的文化领导权现状。但毫无疑问，西方文化一直处于积极的攻势，他们认为通过文化输出能够决定中国大众特别是青少年的价值选择，通过电影、音乐、各种形式的文化节日或者报告来增加他们的意识形态在中国大众面前的曝光率。而且从技术层面，西方发达国家确实能制造更加具有吸引力的文化产品，例如美国迪士尼和梦工厂的 3D 动画凭借其强大的技术和通俗的剧情吸引了无数儿童、青少年和相当一部分成人，人们在接受文化产品时无疑就接受了其中被嵌入的意识形态元素。

（二）我国意识形态领导权实施中的问题

随着全球化趋势的加强，多元化的意识形态布局彰显且逐步加强，不同国家之间、同一国家内部都要面临意识形态领导权竞争日趋激烈的现实。掌握意识形态工作领导权和主导权象征着中国共产党和中国化马克思主义逐步探索中国特色社会主义意识形态规律的又一成果和对新阶段马克思主义在意识形态领域领导权建设中所面临新问题的深度思考。通过改革开放，多元格局已是我国意识形态领域的不可逆的基本架构，社会意识形态领域多种力量角逐和融合，不同价值观和利益影响着人们对意识形态的判断，马克思主义和非马克思主义、社会主义和反社会主义、个人主义和集体主义等价值取向相互交织。

但在具体实施中，意识形态领导权需要面临多重挑战。第一，全球化和冷战思维延续导致意识形态领域多元竞争加剧，相比较而言，我国意识形态建设稍显落后，回应多元价值的能力仍需进一步提高。没有任何意识形态能在当下形势中完全占据领导地位，而是在一个更加公平的平台上通过和其他意识形态平等对话中获得大众首肯，从而成为占据领导权的意识形态。在中国共产党执政党地位和社会主义现代化建设领导核心的背景下，马克思相应的获得领导地位，但是"指导"不等同于"领导"，获得指导地位并不必然意味着领导权的确立。第二，开放包容是当下社会的价值取向之一，民众对意识形态和价值信仰有其自我选择的空间，自由选择境遇下多重思想认知交错，思维空间的延展也分散了民众对主流意识形态的注意力并可能降低民众对社会主义意识形态的认同度。第三，中国社会主义意识形态通过中国化和实践化的进程，有很大的理论创新，取得了辉煌的成果，但面对新的形势和社会变革速度，理论创新仍显滞后，很难给予当下社会新问题、新转变适当的答案。意识形态领导权不意味着意识形态强制灌输。大众的自由选择意志应当被尊重，这就要求马克思主义用自身的先进性、革命性和科学性真正感染人，让大众从内心接受。但是，在现实实践中，马克思主义意识形态并未真正转变自己的姿态，仍有种居高临下的说教者姿态，而忽视从理论内部进行创新以契合大众期望。

三　传播内容的多元竞争局面

(一) 新媒体场域多样性下的意识形态交锋

改革开放在政治上加快了中国民主化进程，经济人假设越来越影响人的行为范式；在技术上，闭门造车被打破，民用科技得到空前发展，电子类技术发展迅猛。日益夯实的基础助力了新媒体的可持续发展，也将马克思主义传播主体和传播客体抛入新的生态——单一政治控制语境不能维系，灌输型传播方式难以为继。另外，改革也使原有的固定的价值观出现一定的波动和混乱，原有社会分层打破，经济利益影响力日趋强化，人的心理发生改变；开放发展导致西方文化和意识形态也不断向中国倾销，西方所谓的淡化意识形态观点颇有市场，人道主义和人权的提法甚至一呼百应，中国政府的负面消息也通过西方所控制的传播渠道无限放大。相比而言，马克思主义主流价值观在话语上远不够强势，"如果社会主义不能在包括软实力在内的国家综合实力上超越发达资本主义，就不仅不能引领世界潮流，甚至连自身的存在权利也将被剥夺"[①]。这一切都迫使传播主体更加有效深入地传播马克思主义而非流于形式化，并以马克思主义为依据应对不良意识形态的诘难；也要求传播客体提高辨别真伪善恶的能力，能够在多元化传播环境下找到正确的价值导向。发展的机遇和艰巨的挑战并存，传播客体和传播主体都要迅速成熟以适应已经变化了的环境，增强敏感性，加快反应速度，实现马克思主义传播的进化。

多元竞争的意识形态战场并未拨动中国新媒体领域的神经，中国新媒体领域没有完全适应或者做出恰当反应。这突出表现为：无法积极应对多重意识形态冲击下传播客体注意力重新分布的新局面。新媒体时代，主导力的下降是传统媒体不得不承认的窘境，传统媒体无法保持注意力汇集的洼地地位，马克思主义相关信息也无法作为社会唯一焦点而存在。同时，传播客体结构分化，他们也面临更多的媒体和信息源，受众注意力平面化分布趋势日趋明显。事实上，没有任何一个媒体形式能够垄断公众注意力，也没有一个传播客体保持单一的注意力。从根本上讲，当今社会已经不允许，公民也不愿意接受单一的传播形式。因此，公众注意力稀释正如光速不变一样必须被接受和正视，这是无法避免的事实。马克思在《共产党宣言》中说："每个人的自由发展是一切人自由发展的条件。"[②] 所以说，必然的分散和稀释不意味着完全负面意蕴，也对增加社会活力、马克思主义传播形式多样化、传播客体参与性提高大有裨益。这正是社会自由度和不同主体互动性提高的显著标志。不仅是不同媒体之间抢占注意力，随着个人影响力的提升，网络意见领袖等个人已不满足作为单纯受众，而是通过自媒体和社交平台也抢占很大一部分受众的注意力，他们游走于法

① 侯惠勤：《改革开放是决定当代中国命运的关键抉择》，《北京大学学报》（社会科学版）2008 年第 3 期。

② 《马克思恩格斯选集》（第一卷），人民出版社 2012 年版，第 422 页。

规和政策的边缘，羁绊较少，而且信息量和信息即时性远超传统媒体。根据 2015 年 2 月 3 日中国互联网络信息中心（CNNIC）在京发布的第 35 次《中国互联网络发展状况统计报告》，截至 2014 年 12 月，我国网民规模达 6.49 亿，互联网普及率为 47.9%。个人网络信息发布平台空前繁盛，QQ 空间、微信朋友圈、微博等的转载和分享成为很多人（特别是学生）第一时间获取信息的渠道。这分享了很大一部分原属于传统媒体的注意力，但这些新的注意力集中地却很少有马克思主义的身影，即使有，也往往是暧昧不清的。如何利用新媒体将注意力聚集在马克思主义上已成为一个难点，其中，不完善的地方也是导致新媒体中马克思主义大众传播失效的原因。

（二）新媒体传播泛自由化及虚假信息泛滥

新媒体传播自由化分为两方面，即传播主体的自由化和传播主客体互动形式的自由化。第一，传播主体自由化。首先是新媒体平台繁多，体制内减少，多个具有代表性的平台，都是由私人公司运营的。从股权方面来讲，很多新媒体平台具有外国资本，特别是国外专业操盘媒介组织和人力购买的公司通过其雄厚的资本积累和长期的运作经验，对中国新媒体的结构重组和利益关系调整产生重大影响，马克思主义大众传播也难以独善其身。国内资本也有其复杂背景，分属于不同的利益集团，代表不同阶层，而且因为较擅长本土化运作，习惯马克思主义基本语言，熟悉中国法律，特别是通过上市媒体概念股或者借壳上市，可以迅速扩大并争取到相当份额的话语权。如果这些资本有不当言论，反而更隐蔽而难以管理。媒介资本通过资金运作、可资利用的客户关系以及自身经验等途径，对媒介资源（时间或版面）有组织、有计划地规模性运作和控制，满足自己的利润追求甚至一定的政治目的。在公司制下，高效的运行机制，集中大量的专业人才，实现极具专业性和精确性的分析，为通过对有关媒介信息的大规模筛选、整合、占有和释放，为其对受众提供有效的整合信息、个性化产品、多种服务组合等。第二，传播主客体互动形式的自由化。随着传播主体姿态放低，传播客体被动姿态的改变，马克思主义传播主客体单向灌输结构解构，新的互动机制建立。传统的马克思主义传播，从战争行军传播革命火种到各种运动和演讲，都有效地保持了党与群众、党与不同先进社会团体的良性互动。李大钊指出："民众的势力，是现代社会上一切构造的惟一基础。"[①] 但新中国成立后的一段时间，广播电视、报纸或者特殊时期的大字报等高压灌输式传播方式取代了原来良好的互动方式。改革开放后，这种非良性互动越发不适合传播发展的趋势。传播客体需要的不再是听到要信仰马克思主义，而是追问什么是马克思主义、什么是中国特色社会主义、这些概念的体现是什么、马克思主义能带来什么样的未来等。追问不意味着逼迫，而是挑明现实挑战，主体要正面回应才能做到有效传播，因此主体客体化；客体要不断追问才能获得声音自主和对主导意识形态的把握，互动形式中不再具有单一主导的结构，而是自由化。马克思主义大众传播进程的构造不再被主导而是动态组合和建构，那么同一范式的缺乏，难免会出现偏离马克思本身的趋向，法律和行业规范难以面对具体的情况和流动性的意见，所以很难有完善的反馈和纠正机制。

　　虚假信息自古就有，虚假信息可分为恶意虚假信息和非恶意虚假信息两种。恶意虚假信息具有强烈的主观目的性。"根据国家互联网信息办公室统计，仅 2012 年 3 月监测到的各类网络虚假信息就高达 21 万余条。"[②] 一般来说，恶意虚假信息有其目的指向性、组织性和资金财力支撑，并且有步骤地实施，所以它能在更大范围、更深程度上造成较大危害。由于利益指向一直贯穿人类生活，对于虚假信息，人们有时并不刻意避免，甚至在多重领域进行有效利用。可以说，一部兵法史或者人类政治史，其中很大部分都是如何利用虚假信息的描述，虚假信息广泛渗透在政治、经济、军事、科技等社会生活的各个领域中。非恶意虚假信息，主要是因为传播主体信息甄别和筛选能力受限、受众辨别能力受限和技术手段缺陷（我们将在本章第四小节详细讨论）等原因造成的。网络社会中，文字信息错误或者数据偏差，都容易引起信息误读，受众往往无法得知消息源，而是通过各种转载或者转述了解信息全貌，而且不同的传媒之间的技术表达手段也会有差异。例如，影像资料的选择性抓拍，都容易引起歧义，虽然不是恶意的，但是其危害并不比恶意虚假信息小。因为无恶意的虚假信息出于无意，没有明确的价值判断色彩，

---

① 《李大钊全集》第 3 卷，人民出版社 2013 年版，第 209 页。

② 刘凯：《互联网虚假信息研究概述》，《价值工程》2014 年第 22 期。

所以容易使受众感觉其立场"客观公正"，反而更容易接受。无论是哪种虚假信息，在新媒体蓬勃发展的背景下，恶意虚假信息的制造、传播更加容易，这需要引起我们高度的警惕。但在新媒体时代，虚假信息的产生原因、新生形态、传播速度和影响等多方面都有了巨大变化。特别是虚假信息再制造的主体增加，所谓虚假信息的再制造，我们可以理解为以讹传讹，当一条虚假信息发出后，其后很多环节都会不断改变其整体形态和具体细节，信息不断改变其整体形态，那么就更难把握和回应。新媒体传播平台给每一个人自由表达的机会，几乎每一个接触新媒体的人都可能成为虚假信息的再制造者。鉴于党和政府的政策和理念、马克思主义的基本思路都是严格而科学化的，在这种传播中出现错误解读，往往会影响公信力。

四　传播渠道的竞争升级

（一）新媒体运行的多中心逻辑

多中心主义不同于之前西方思想界流行的是亚当·斯密的社会秩序观，即认为不同的利益经过竞争和妥协，然后汇成总的社会利益形态，以统一的方式作为自己的最后表达。但多中心主义与之大相径庭，其认为，不同利益和立场不能最终汇成一个力量，而是始终持续存在的，社会中多中心的权力都应得到尊重，传统的政府社会二元化区分应摒弃，不同领域的引领者和受众互动性应加强。新媒体自身发展中，也出现了多中心的格局，在新媒体时代的马克思主义传播，多中心主义产生的新式逻辑，对传统媒体下的逻辑结构产生冲击，马克思主义大众传播生态中也难免被此种思维介入。

政府并不是传媒领域唯一的权力中心，多类型机构（包括社会的、私人的）只要得到大众的认可，就都有可能成为各个不同层面上的话语权的中心，体现了马克思主义传播主体的多元化。新中国成立后，传播主体主要限制为党刊、党报等主流媒体，马克思主义传播主体较为单一。尽管教育从业者、基层宣传工作者也做出了相关方面的传播努力，作为马克思主义发展主人翁的地位长期得不到重视和尊重，也难以采取自由的方式进行传播工作，其主要扮演了上传下达的人工媒介角色。改革开放后，马克思主义传播主体在新媒体的新气候中空前解放，可以自己判断当代历史现实，进行较独立的实践，从而用自己的话语和形式创造性地解读和传播马克思主义。不仅如此，更注重传播的内容和实效而不是形式，更注重群众的深层次接受而不是表面附和，努力从广大群众生产生活实践和现实期盼角度寻找马克思主义传播的切入点。可见，马克思主义传播主体内涵呈现几何增长，他们通过一定渠道传播马克思基本原则和价值诉求，从而推动中国特色社会主义前进的一些相关的政府工作人员、媒体从业者及思想政治教育者等，特别是在媒体从业者领域，其内部分层和分化更细致。这里所说的媒体从业者并不局限于党的媒体领域，还包含一些掌握媒体并关注马克思主义（正面阐释或者反面批判）的媒体从业人员或者经常应邀参加媒体活动的人。媒体人的多元化反映到他们的工作之中，新媒体内部结构和理念的流动性也相应增加。因此，对新媒体下的马克思主义大众传播媒体人角度的分析也趋向复杂化，不同思想难以有效规范，对马克思主义的理解也难免有偏差，误读、错读甚至有意地曲解难免会损害马克思主义的本色，也很可能提供给大众一条并不高效的掌握马克思主义的途径。

（二）新媒体技术的不断演化升级

技术并不只是工具，而是有自己的特点，正如不同性格的人会以不同方式解读同一个事件，不同的媒体平台也会让同一事件和观点呈现出不同特点。特别是新媒体带来浅阅读后，让信息甄别的难度增加，就是新媒体的技术本身能够成为新媒体中马克思主义大众传播存在问题的原因的重要例证。传统媒体视域下慢而少的信息传输特征，造成易管控、信息筛选缜密的特点，在很多情况下，人们会选择深阅读。深阅读是以详细筛选信息、挖掘内涵为理念，以完善学识、提高素养、磨炼理论和实践能力为目的的深层次阅读方式。由于网络和超文本等新媒体技术的发展，强大而迅捷的技术可以迅速汇集、整合并发出信息，面对海量信息的冲击，受众因势而变，重创信息接收模式，两者相应的嬗变迅速且严重影响了年青一代。在阅读理念上也更崇拜浅显易懂且带有较强娱乐性的信息，从而阅读浮于表面，不再是公众努力理解和挖掘媒体提供的信息，反而是新媒体为了更好地占据公众注意力的份额，也将技术的功能发挥到极致，以肤浅娱乐化的信息迎合公众兴趣，公众的浅阅读习惯进一步被培养，以此恶性循环。这种浅阅读下，很难要求受众甄别信息，媒体从业者的筛选工作进度往往跟不上技术能够更新和传播信息的速度，这不能不说传播主客体都被技术异化了。其他方面同样具有代表性的是技术差别对同一信息的不同表达，例如同一个事件，你通过音频、视频和照片三种不同方式看，完全可以读出大相径庭的内容。音频中声音的产生原因难以判定，视频的拍摄背景无从得知，照片定格的瞬间是否意味着整个事件就是如此，都需要重新考量。但作为受众来说，他们往往被呈现在面前的第一印象所抓住，也缺乏技术上进行甄别和分析的能力，所以这种由技术不同造成的信息错位更难以厘清。从单纯技术的物理特性分析，技术总要有其物理存在形式，这是其作为信息载体和传输途径的基础，由于载体本身的物理特质会受到各方面环境因素的影响，必然会改变其所负载的信息，难以预料的误差就会出现。

虽然可以通过技术进步、流程优化去弥补这些不足，但是不断臻于完美的技术难免百无一漏。马克思主义在其发展过程中，虽然一直重视结合媒体进行宣传，但是当下新媒体的技术变革速度和影响深度都是前所未有的，所以对于马克思主义本身来说，能否驾驭新技术实现自身的新传播态势，面临严峻挑战。

五　传播效果的现实脱离感与监管困境

（一）自律与他律的双重缺失

慎独的自律精神一直是中华文化的精髓，故而在自律方面，新媒体领域的成果还是比较显著的。行业自律公约大量出现，比较有代表性的是《中国互联网网络版权自律公约》《自媒体联盟自律公约》《中国手机媒体移动互联网信息安全和版权自律行业公约》等相继出台，具有时代性，而且作为行业内部公约，所以在细节方面和技术领域的规定都比较专业化和适合操作。但是，自律一直具有的软弱性一再暴露。在他律方面，以专属部门为核心的审查制度（例如广播电视总局等）早已被证明是传统媒体领域实现信息产品信息把控和保证依法传播的一种有效方式。而在当下，要实现对数以亿计的新媒体发布平台和信息进行百无一漏的筛选，因其资金、人才储备和技术支持局限都不具有现实性，传统的他律方式受到极大挑战，几乎新的他律模式往往赶不上新媒体平台的产生速度，而且基于移动设备的发展，利用新闻媒体的人也逐渐脱离更多限制，随时制造信息，使信息数量增加，即时性增强。

（二）新媒体虚拟环境与现实生活的融合难度

新媒体所创建的虚拟环境，既要基于现实的技术保障和组织机制，又要从实际生活中选择现实素材，传播现实信息，这意味着新媒体虚拟环境既有与现实生活的融合可能性，又有必须观照现实生活的必要性。但是，新媒体的发展，不断增强自身的独立性，使自身与现实生活的融合难度不断提高。

一方面，新媒体创建了独立的运行逻辑，这包含语言、思维、交际方式等多位范式转换。新媒体虽然基于现实的社会生活和物理上的技术支持，但是，新媒体已经高度产业化，新媒体组织专业化、新媒体从业人员高精简化并且组成专业化团队，这就形成了一个独立王国，与其他行业和社会生活领域有了明显的分野。新媒体受众也因信息渠道的不断革新，与习惯接受传统媒体影响的受众，有了实质上的隔阂，造成一般民众之间的理解鸿沟，这本身就是一种新媒体虚拟环境和现实生活融合程度较低的体现。

另一方面，从经济角度上说，新媒体所支撑的经济体系，没有实业性质的表现方式，这与传统上公众对经济应有其实际产品的一般印象有很大区别。新媒体所催生的虚拟经济的模式，形成一种不同于传统的价值观。人们通过贩售信息、改造信息来获得利润。这让很多民众逐渐将虚拟经济和实体经济区别对待，看不到两者的相辅相成的关系，看不到虚拟经济所依托的实业基础。对新型经济生活的理解偏差，也加深了人们对新媒体虚拟生活和现实生活理解的偏差，从而降低了新媒体虚拟生活和现实生活的融合程度。

（三）新媒体时代的信息管理困境

党媒曾经是共产党团结群众，战胜困难的重要力量。但是，在当代，大众获得信息的方式和渠道因为新媒体的发展得到了翻天覆地的变化。传统传播环境中，民众获得知识的途径比较固定，限于党刊党报或其他受审查的媒体，还有政府发言人等。当下新媒体让人们很容易得到了更全面丰富而有效的知识，点下鼠标，搜索引擎就能呈现数以亿条相关信息，公众信息获取的能力和自主性日益提升。而且信息全球同步，信息主体躲在平台之后，信息主体与信息内容被分离，从而更容易产生遮蔽。随着新媒体的全球化传播，信息随时会失控，这种危险远超传统的政府对信息管控的能力。最重要的是，政府对整个局势变化难以有效及时应对。政府一直试图通过各种渠道和群众保持密切联系，传统上主要是通过书信、座谈或其他方式，新媒体提供了 MSN、QQ、微信、微博、blog 等多方面更简洁的渠道去丰富政府信息反馈和管理的渠道，让政府和群众之间的交往和信息交流更加通畅和随意。但是，更重要的现象是，这种平台大量信息充斥的情况中，政府的声音有被稀释甚至湮没的危险，政府的信息出现了边缘化倾向。传统的党政网站如中国共产党新闻网、新华社、人民网往往不是大众获得信息的首选。美国科技博客 Businessinsider 提供的数据，评选出 2013 年全球访问量最高的 20 大网站，其中，中国互联网企业腾讯、百度、淘宝、搜狐、新浪则进入前20 名，没有一家党政机关媒体进入前 20。

在多平台、多主体、多技术支撑的环境下，新媒体在发展和监管中存有各种矛盾，难以实现有效监控。

第一，新媒体技术环境的变革速度远超管控技术的发展速度。首先，新媒体技术是信息储存容量发生了革命性变化。传统的以纸张、书籍、磁带、录像带技术为主的传统媒体，造成了容量小但空间占用量大的信息储存现状，且维护成本和难度极大，这就造成了储存质量低，储存成本高，储存难度大的困境。而在新媒体时代，数字技术逐渐占据主流，一个闪存设备或者移动硬盘足可以储存上万磁盘或者上亿册书籍所能储存的数据。信息的数字化编码也使信息检索变得特别简单，从而在信息量增加的同时反而降低了检索和筛选信息的难度。不仅如此，通过"云"技术的发展，这种扩充性更是逼近无限。新媒体传播技术环境的变革还体现在其快速化上，以卫星信号和光缆作为技术支撑、光电信号作为载体进行传播，信息上传和下载都基于光速运行的光电信号，传播速率大大提高。

第二，从社会环境来说，社会变革是新媒体变革的幕后决定力。它的技术特性决定它很难被单一力量控制，它的发展处于各种力量的角逐之下。党和政府希望通过新媒体宣传政策保证马克思主义在意识形态领域的指导地位；企业想通过新媒体达成广告效益、推销产品；反动势力也想通过新媒体宣传其反动思想、策划恐怖活动；卖淫组织通过新媒体实施卖淫非法活动；毒品交易通过新媒体的淫秽词语和交易方式做成买卖；邪教组织通过新媒体传教并吸收教众；等等。新媒体以其零门槛、快捷化、影响大等特点迅速吸引了各种社会势力介入。然而，相对的监管能力却远远滞后。例如，网警作为网络监管的重要力量，尚不能实现全面的常态化。根据《中国公安报》2015 年 6 月 1 日的报道，中国目前只有 13 个省、自治区、直辖市和 37 个地级市有网警巡查账号，实现网警常态化。网警覆盖率问题不是中国新媒体监管体系中的一个个案，它反映了中国新媒体监管面对复杂环境的相对滞后。

不管是面对新媒体技术环境的变革，还是社会环境的转换，监管作为弥补性质的机制很难真正走在前面，亦步亦趋成为常态，而且监管机构长期处于体制内，思维相对新媒体的环境现状而言落后和僵化亦是常态。

第五章　新媒体视域下马克思主义大众传播策略

策略，是新媒体背景下马克思主义大众传播的具体方法、渠道和表现方式的综合，是马克思主义与时俱进，传播主客体思维重构和传统传播资源重组的过程。在当下中国，在保证马克思主义在意识形态领域主导作用的基本框架内，如何灵活地制定符合社会发展和新媒体的策略，已经成为马克思主义大众化能否进一步走向成功的关键。基本框架和底线，不代表灵活性的失位，只有创新策略，激发主体创造性，构筑多维性、3D 化传播渠道，突破既有监管机制，才能做到与时俱进，运用好符合中国国情和时代特点的马克思主义大众传播的策略。

第一节　加强新媒体马克思主义大众传播主体建设

马克思主义大众传播主体，包含党政机关，马克思主义社会组织，思想教育政治教育者，忠诚于马列主义的新媒体从业人等。中国共产党与生俱来的性格内在地重视理论创新，从意识形态传播方面审视，中共将传播主体基本理论的建构放到探索前沿，成为中国特色理论传播工程的巨大推力；从具体层面，中国共产党重视作为传播主体的组织和个人的建设，对传播主体的规律进行考察、分析并给予指导，形成了反对僵化"本本主义"、没有调查就没有发言权、文武两个战线、具体问题具体分析、干部是决定因素等一系列指导思想；坚持中国共产党的纪律作风，不断加强建设传播主体的规范性和制度化建设。这些经验，对新媒体马克思主义大众传播的主体建设都具有重大现实意义。

一　树立新的传播理念

理念是一项事业的指明灯。传播主体应主动认清历史潮流，在时代的节奏中创造自己的旋律，主动寻求理念变革。由于马克思主义大众传播是社会主义意识形态主导地位的重要保证，意识形态本身具有转化为实践力量的内蕴，所以传播主体理念的转变可以转化为现实的力量。主体在大众传播事业中，必须树立基本理念并根据形势变化不断更新，才能紧跟时代，永葆生机。传播理念革新即是新媒体时代对马克思主义的要求，这只是一种消极意义，更积极意义上来说，是马克思主义体系内部主动跟随时代，甚至说引领时代的理论品格所决定的。所以，一种理论想要在大众中保持生命力和强大的影响力，必须以新的理念对大众进行创造性的传播。例如毛泽东等创立的《新民学会会员通讯集》，在发刊词中指出"一集比一集丰富、深刻、进步，就好极了。"早期共产主义进步团体就已经重视在会刊这一传播途径上进行有意识的理念革新。再例如，红色中华通讯社于1931年在江西瑞金成立。国共两党之间的阶级矛盾是当时中国社会的主要矛盾，"红色"还是"白色"的国家道路矛盾是当时国内主要关注带，所以红色中华通讯社恰恰代表当时中国共产党基于时局判断的传播理念。但到了1936年，时局变化，在重新判断后，中国共产党决定放弃中国工农红军的称号，联蒋抗日，在传播领域也作出相应改变，更名为新华社。新华，顾名思义，亦即新中国之意，也有新民主主义革命的象征意味，更有中华民族新局面的希冀，新中国意味着民族矛盾和阶级问题双重矛盾的解决，这种革命理念恰恰影响了通讯社的理念，故而改用新华社。所以，理念革新是中国共产党一直秉承的做法和追求的理念，现时代应当发扬和坚持。

树立新的传播理念，进行传播形式的模式重组，包括渠道形式、技术形式和语言形式。首先，相对于之前的传播形式，新媒体时代的传播主体更加注重横向拓展传播渠道，同一个传播主体往往整合不同的传播渠道形式，形成立体传播新结构。马克思主义传播主体不再拘泥于本身所具有的传播渠道形式，例如电视台，不再以荧屏为唯一传播渠道，而是辅之以相关微博、微信或者贴吧等形式，阐明国家大政方针的内涵，厘清马克思主义在当代生活中的意义，从而把握不同的受众，受众从单向接收信息变成全方位被包围。其次，某一传播主体也不局限于之前的技术形式，而是多技术形式推动信息传播。如文字平面媒体（如报纸、杂志）通过新技术，使用视频、音频等新技术形式，从而借助更多感官形式达到传播信息和影响受众的目的。如很多党报党刊开设电子版，人民网开设有声版，而且可以被"顶"、收藏和分享至其他传播平台。最后，传播语言形式平民化、网络化甚至方言亿。一些党报频繁使用网络语言，如"花样作死"① 登上 2015 年 4 月 16 日《人民日报·海外版》。严格的普通话语调和白话文语法规范也不再统治主流媒体，方言类新闻播报也见诸各地卫视，包括国家领导人也会使用"蛮"等方言化词汇。变革语言方式不仅意味着语法和文字的重构，更是新媒体时代马克思主义传播主体的重新定位、自我审视和发展逻辑理路重构的外在表现。这些传播形式模式的重组充分发挥了新媒体海量性、开放性、时效性、互动性的传播优势，带来更强劲的传播效能和辐射力。

传播理念的转变还表现为传播姿态变革。传统传播主体，特别是长期作为马克思主义传播主体主流的党刊党报存在俯视姿态，灌输式和家长式的表达方式，只满足于单纯的说教者角色，渗透力强的传达鲜见于教学实践中，因此，马克思主义在传播中符号化、形式化严重，往往难以使受众心甘情愿地理解其内涵，公众甚至把对马克思主义的学习和了解当作应付政治任务，产生抵触情绪。在新媒体时代，面对新的局面，马克思主义传播主体要实现新的发展，必须有新的领悟和反省，"要创新工作方式方法……采用贴近性、接地气的话语，不断增强工作效果"②。所以传播主体要以更加平等的姿态面向受众，在表达形式、话语方式、互动频率上突破创新，从传统的"教导式"变成"对话式"，倾听传播受众的反馈，甚至使信息受众成为信息主体参与者，传播主体大量使用对民众的采访，甚至引用网民评论，传播信息从"精英制造"变成全民的"头脑风暴"。这种姿态的变革，使得民众主体身份的感觉度升高，并且发出自己的声音，平等姿态所搭建的信息互动平台也使马克思主义得到渗透性发展，党的执政基础更加稳固。

---

① 《为官不可"花样作死"》，《人民日报·海外版》2015 年 4 月 16 日。

② 《加强基层宣传思想文化工作》，《人民日报》2015 年 4 月 15 日。

二　提高马克思主义理论素质

素养是指内在涵养和外在技术能力，语出《汉书·李寻传》："马不伏历，不可以趋道；士不素养，不可以重国。"① 但近代，素养更多的指西方意义。应该说，理论素养是指理论知识、理论修养和将理论应用于实践并自觉进行理论创新的能力、意识和行为。马克思主义理论素养，特别重要的一个向度是将唯物辩证法熟练掌握并以之指导实践。马克思主义理论是具有深厚历史积淀，融合哲学、政治经济学和社会发展理论的庞大而严谨的理论体系。熟练掌握该理论体系并非一件易事，而将其向大众传播更是一项艰巨任务。马克思主义传播主体分层明显、结构多样，有党政机关、马克思主义社会组织、思想教育政治教育者等。不同人旨归虽然趋同，但限于专业背景、知识储备、具体工作的不同，对马克思主义理论的认识有差异，因而马克思主义理论素养也会有层次差别。马克思主义大众传播需要强大的人力团队支撑，这个团队需要高人一筹的理论储备和逻辑水准，才能正确地传播马克思主义，自觉运用马克思主义分析当下社会问题和回答受众的提问，从而作为支撑主流意识形态的人力资源宝藏。

恩格斯说："一个民族想要站在科学的最高峰，就一刻也不能没有理论思维。"② 在共产国际三个不同时期，都不断出产专著、出版机关刊物，特别是第三国际时期第三国际接受不同国家共产党人到苏联学习，都是提高马克思主义理论修养的重要举措。中国共产党自成立以来，重视学习和挖掘马克思主义，不断提高党员干部的理论素养，并将其作为一项重要任务坚持至今，现在各级党组织的组织生活依然是以提高党员理论素养为主要内容。毛泽东说过："一般地说，一切有相当研究能力的共产党员，都要研究马克思、恩格斯、列宁、斯大林的理论，都要研究我们民族的历史，都要研究当前运动的情况和趋势。"③ 毛泽东不但钻研马列著作，而且广泛涉猎文学、历史、军事哲学，特别是在哲学书籍方面造诣更深，他写在《辩证法唯物论教程》上的批语就有

①　班固：《汉书·李寻传》，中华书局 1999 年版，第 2384 页。

②　《马克思恩格斯选集》第 3 卷，人民出版社 2012 年版，第 875 页。

③　《毛泽东选集》第二卷，人民出版社 1991 年版，第 498 页。

1.2 万字左右，最长的一条有 1200 字。他的理论素养不是书斋式的，而是结合实践的现实关怀。他读《哲学选辑》写的批语中，深有体会地指出："一切大的政治错误没有不是离开辩证唯物论的。"① 在加强自身学习的同时，毛泽东将自己的读书学习精神和方法推向全党全军。特别是在《改造我们的学习》中，毛泽东集中论述了加强全党理论修养的学习方法，指出了党员干部学习马克思主义理论。《改造我们的学习》可以说是中国共产党在学习什么、如何学习、怎么检验学习成果方面的纲领性文件。毛泽东苦心经营，艰辛探索中打破了"山沟沟里没有马克思主义"的消极言论，夯实了中共理论基础，提供了实践原动力。新中国成立后，邓小平也对全党继续学习、加强理论修养提出要求。他在《关于修改党的章程的报告》中说："党的各级组织的任务，就是要认真地加强对于广大的新党员的教育。"② 面对改革开放新阶段理论学习和素养提高方面，邓小平不但强调继续学习马列主义，也希望全党以更开放态度汲取人类一切优秀文明成果，为我所用。习近平基于新的历史形势也认为"全党同志一定要善于学习，善于重新学习"③。

由此可见，在新媒体下马克思主义大众传播这一具体历史命题中，多维主体更要融会贯通提高理论素养的意义，不能被自身知识结构和角色定位所限，而要通过学习实现素养"脱贫"，为马克思主义大众传播提供人力资源"存款"，增加理论成果的"余额"。

三　加强对新媒体传播特点及技术的把握

新媒体包含流媒体、自媒体等多种内部分类方式，以其互动性强、技术性强、形式多样、准入门槛低、传播速度快等特点，越来越占据当代传播领域的关键高地。新媒体的"新"，就其属性而言，与传统媒体相比较，其区别主要表现在思维、体制和技术应用等方面，具体体现在以下几点。

第一，重构媒体和受众关系，革新社会关注力的分布和方向。关注

① 《毛泽东哲学批注集》，中央文献出版社 1988 年版，第 331 页。
② 《邓小平文选》第一卷，人民出版社 1994 年版，第 247 页。
③ 习近平：《在全党大兴学习之风，依靠学习和实践走向未来》，《人民日报》2013 年 3 月 2 日。

力是媒体所追求的根本，媒体只有吸引到注意力才能生存和发展。新媒体时代，传统媒体长期占据关注力洼地的地位不复存在，社会关注力流向的单一化变成了无数媒体热点下的多元化，而且由于互动性增强，关注力不再是由受众流向媒体，媒体也要关注受众，受众通过自媒体发声，成为传媒的主客体统一的新型存在。而传统媒体也不甘落后，既稳固已有阵地，也借助新媒体形式增强自己的张力，延展自我的关注力势力范围，同时在思维上也开始关注受众的互动并有意让受众参与到本媒体的建设中。从社会背景上分析，西方自由平等思想也在重塑人们对话语权的理解，社会结构的重调更是让社会不同阶层的声音日趋多样化，这也使社会关注力处于一种多源头、多形式，即使同一个人其思想内部也有不同意识形态之间的挣扎和斗争。因而，这种趋势变化既有媒体本身变革的原因，又有社会整体变化的大潮流，共同构成了关注力重调的新态势。更关键的是，承担马克思主义大众传播的主要任务的媒体，也在传播领域丰富马克思主义中国化的具体内涵的基本要求下，加入社会关注力领域的重新划分中，这是党政媒体发展壮大的必然要求。

第二，传播主客体实践性增强。一方面，传播客体要求传播主体践行马克思主义相关原则。传播主体内在地含有技术层面的意蕴，更是人的层面上全程参与马克思主义实践的主体，主体建构自身的过程更是传播主体主动践行、树立榜样的过程。在日趋透明的传播环境下，传播主体的言行都会被关注，受众也具有极大选择权，受众需要看马克思主义传播主体真实的实践行为，并以行为而不是言语宣传作为评判标准并做出选择。所以，马克思主义信仰的确立已经不能仅仅靠言论的说教，更要靠现实实践的感染和引导。另一方面，传播主体要把是否将马克思主义落实为客体的实践中为宣传效果的评判标准。传统媒体的单向表达往往重视是否表达，而缺乏实践的马克思主义分析和公众实践追踪。但在新媒体时代，传播主体已不能仅仅停留在表达马克思主义的程度，更要多方位促成马克思主义真正深入人心，成为人的行为规范和自律准则，才是旨归。改造世界的价值意蕴想要现实化，很大程度上依赖于传播主体在何种程度引导了公众的实践。建设中国特色社会主义，本身就是全国人民共同投入的一场现代变革运动，无论是传播主体还是传播客体，都有看到对方把马克思主义落入实践的要求，也有自身践行马克思主义的义务。

第三，技术突破也带来了如何保证技术恰当使用的挑战。马克思主义传播主体通过新媒体技术获得了更广泛的物质基础，拓展了传播的手段和途径，在省事省力的情况下反而吸引了更多受众。毋庸置疑，当代高校思想政治教育者，都或多或少地使用新媒体技术开展教学活动。很多学校要求使用新媒体教学，学生也习惯于接受新媒体途径的知识接受形式。传统的书本和纸质教学传播速度慢、传播形式单调、教学效率也偏低。现代新媒体传播技术的介入，既提高了教学效率，又可以让学生积极参与进来，从而减轻了教学压力。新媒体让原本抽象灰色的政治理论以生动形象的方式展现出来，让学生更容易理解，活跃了课堂，优化了师生关系，为将来的思想政治教育课提供了推力。例如，可以通过纪录片《长征》来讲述长征故事，阐释星星之火可以燎原的革命乐观主义精神；也可以通过《黄飞鸿》等电影紧紧抓住学生注意力，柔性传播。而且高校将课堂放到网上，在网上宣传思想政治理论，以特别形象的方式向全社会宣传，新媒体让思想政治教育事业、让大众的终生受教育成为可能，而且不同高校的思想政治教育可以互通有无，互相借鉴，从而让全国范围内成为一个共同的思想政治教育共同体，形成规模理论创新优势，从而在整体上推进高校马克思主义大众传播。

另外，新媒体给马克思主义大众传播带来的消极影响也是不容忽视的。首先，新媒体技术促成传播效率提高的同时，也导致受众对内容领会的肤浅化，形成信息传播不完整，让受众对马克思主义产生错读、误读等状况。肤浅化还会让马克思主义逐渐符号化，但是受众很少深究其内容，符号化、口号化的内容容易让受众产生抵触情绪，这也有违马克思主义的旨归。马克思主义不但要求能掌握群众，更要被群众掌握，这是马克思主义区别于一般学术理论的根本所在。中国特色社会主义理论深深植根于社会主义伟大实践，也应重新投入指导中国特色社会主义伟大实践中。马克思主义传播如果流于肤浅化、符号化，将损害中国共产党的执政之基。其次，新媒体技术并不是具有无意识形态痕迹的纯粹物理学概念。新媒体技术来源于西方，技术伴着相应的思维观念、管理理念和价值观念，而且借助新媒体本身的超地域性和开放性，更容易将这些西方思想观念传递过来，造成意识形态领域的混乱。新媒体技术所伴随而来的西方文化产品，大肆宣传西方的自由民主、社会稳定，美化他们的侵略行径，将以美国为首的西方大国扮作救世主，能给人类带来福音。随之而来的还有"藏独""台独""东突"等反动政治话语，中国"威胁"论也甚嚣尘上。

四　探索利用新媒体进行马克思主义大众传播的艺术

新媒体传播因为其采用了新的传播艺术而更具特色。艺术可以延伸为在对某种规律进行深刻掌握后，在实践中从容、灵活并可以自由创新地进行实践活动的一种境界，特别集中体现为语言艺术的发挥。马克思主义大众传播的语言艺术内在地包含结合中国传统语言和西方先进语言传播模式，廓清传播语言基本构成和传播原则的在新的高度彰显马克思主义的感召力和穿透性。

马克思曾说："人是最名副其实的社会动物，不仅是一种合群的动物，而且是只有在社会中才能独立的动物。孤立的一个人在社会之外进行生产，这是罕见的事，偶然落到荒野中的已经内在地具有社会力量的文明人或许能做到，就像许多个人不在一起生活和彼此交谈而竟有语言发展一样，是不可思议的。"① 语言是根据人的交往实践而不断进步的。新媒体的发展改变了人们传播实践的广度和方式，掌握传播的语言艺术就要把握其时代性和实践本质。新媒体恰恰是当下社会发展的一个新局面，利用新媒体进行马克思主义传播的艺术是符合语言发展来源于社会发展的基本要求的。就语言本身各个要素存在着不平衡的发展变化，新媒体加剧了这种不稳定性，句法方面，句法结构发生重构。例如时间副词后置，如《大话西游》中"给个理由先"风靡汉语界；词汇也发生了大变化，例如"卵用"代替有用处、"我们"代替恋人、"duang"代替一般表惊讶的语气词等。这种不稳定性是对传统传播语言的挑战，但是挑战的另一面也意味着生存空间的延展和创新维度的增多。

五　建设高素质新媒体传播队伍

党的十七大提出，"开展中国特色社会主义理论体系宣传普及活动，

---

① 《马克思恩格斯全集》（第 23 卷），人民出版社 2006 年版，第 363 页。

推动当代中国马克思主义大众化"①，其中一个重要任务和基础性工作就是"培养造就一批马克思主义理论家"②。理论家可以做广义的理解，既有学院派，也包括在马克思主义应用领域的党政机关人员、高校思想政治教育教师、党政媒体从业者等。他们都可以在不同领域担负起马克思主义理论继承、传播和创新的历史使命。

建设高素质新媒体传播队伍，第一要保证队伍的理论信仰。理论信仰是方向问题，高素质的新媒体传播队伍，必须是一支具有纯洁理论信仰的队伍，将跟随党的领导、维护党和人民的利益作为自己在传播战线的首要任务，主动用马克思主义原理武装自己，给予反动思想和不良的西方意识形态以强有力回击。胡锦涛在十八大报告中指出："全党要坚定这样的道路自信、理论自信、制度自信！"③ 这三个自信就是坚持马克思主义信仰在当代的最集中表现。传播队伍要有道路自信，明晰坎坷探索不意味着不可希冀；有理论自信，可以用马克思主义回应国内外的各种问题，并通过理论创新保证马克思主义与时俱进；制度自信，相信中国可以通过制度建设和创新，在全方位领域形成一整套相互衔接、相互联系的制度体系。

建设高素质新媒体传播队伍，第二要保证队伍驾驭新媒体的水平。十八大强调"坚持正确导向，提高引导能力，壮大主流思想舆论"④，高素质新媒体传播队伍能够在新媒体浪潮中成为主动积极的力量，而不是仅仅被动消极地适应新媒体，能够做到"因势而谋、应势而动、顺势而为"⑤。在技术上，熟悉"全媒体""自媒体"的新技术发展潮流，让马克思主义一直以时代前沿的姿态传播；在理念上，适应新媒体运作模式，面对互动性的增强不慌手脚，而是将其作为新的吸引受众的模式加以利用；在风险意识上，不再沉迷于体制内的安全，而是做到"开眼看

① 《胡锦涛代表第十六届中央委员会向大会作报告》，《人民日报·海外版》2007年10月16日。

② 同上。

③ 《胡锦涛代表第十七届中央委员会向大会作报告》，《人民日报》2007年11月9日。

④ 同上。

⑤ 同上。

世界"①，树立竞争意识，而不应惧怕挑战，认为这是危机，在和多种意识形态的比较中让大众更深层次地认识到马克思主义的真谛，从而得到更多受众，凝聚更多注意力。

第二节　完善新媒体马克思主义大众传播客体建设

客体，即受众，是一种培养的过程。建设客体往往不是能通过直接手段进行干预的，而是在明白客体需求及其发展方向的基础上不断培养和引导的过程。完善新媒体时代马克思主义大众传播的客体建设，需要从重视时效性和亲和力理论阐述方式、向受众提供具有更大的观点讨论和思想碰撞的空间、培养受众科学精神三方面入手。

一　时效性和亲和力增强的客体接受体验

时效性是传播的重要价值追求，亲和力是提升传播效果的重要方式。传统时段的意识形态宣传在时效性和亲和力方面遗留了巨大的提升空间。只有在战略层面把握住亲和力构建这一强劲武器，消弭与客体的距离感，方可把马克思主义保持信仰认同注入客体的生活聚焦点中。

在新中国成立后很长一段时间内，我国倾向于从单纯地主体感受出发制定意识形态领导权的实施策略，时效性诉求淡出整体战略的视野中，而是重视信息的重复，以期通过循环印记的方法达到宣传目的，构建信仰认同的目的。文艺领域就是一个凸显以上现象的标本，最具代表性的是"样板戏"，占据了中国人文化生活的绝大部分空间。这种策略虽然通过信息重复，达到了加深人们印象，在一定程度上增加认同的可能，但也趋向僵化，难以让群众在情感深处产生共鸣。但是新媒体时代，一方面为时效性的提升已经具有现实技术支撑，再看另一方面，新媒体追求快速的更新速度的特征，也提升了社会信息的整体更新速度，迫使马克思主义传播主体调整思维，主动适应信息爆炸时代，保证马克思主义传播的生命力。在学术层面，马克思主义学术论著不断出版，其中不乏针对"互联网+""全球化"等时兴问题解读的论著；在新闻层

---

① 《胡锦涛代表第十七届中央委员会向大会作报告》，《人民日报》2007 年 11 月 9 日。

面，党媒和政府媒体也更主动地运用马克思主义观点分析当下民生热点和国际国内时事新闻，前沿性视野是以往宣传中鲜见的。

一蹴而就是种童话式的思维，自然不可匹配经历了艰难的发展历程的马克思主义亲和力建构。传统媒体视域下，传播逻辑遵循信息输出和新闻轰炸的原则，单向度地输送信息已成为牵制宣传效果的钢铁牢笼，传统媒体保持一种教育者和指导者的角色，错误定位自身角色，这使得马克思主义形式感、仪式感强烈而亲和力缺失，增加了马克思主义与民众的距离感。在特殊的时代，强调主流意识形态的仪式感和严肃是有必要的，冷战时期尤显突出，我国需要对冷战局势保持高度警惕，提高群众的备战意识，清扫意识形态领域的反动思想。在当下，和平与发展的时代主题日益得到世界大多数国家的认同，虽有局部紧张，但国际局势整体趋于缓和，而且新媒体的发展也需要极具亲和力的方式，保证传播效果。我国马克思主义传播主体认识到时代变迁的要求，亲和力注入马克思主义血液的进程只能前进不懈。以《新闻联播》为例，作为中央政府的信息门户，《新闻联播》不断增强自身的亲和力，包括在节日期间穿着节日服装、推动主持人队伍年轻化，不断改变语言风格，保持亲和力。2014 年 1 月 1 日，《新闻联播》最后，是康辉的画外音："朋友们都在说，2013 就是爱你一生，2014 就是爱你一世，那就让新闻联播和您一起传承一生一世的爱和正能量吧！"① 国家最具代表性的官方媒体显示出前所未有的亲和力，传播客体与马克思主义传播主体距离更小，传播客体参与马克思主义传播的意愿进一步被加强。

二　观点讨论和思想碰撞的客体交流空间

马克思主义主导地位不代表占据思想领域的全部空间，也不代表不容许其他观点存在。事实上，理论自强于竞争而萎靡于安逸，需要与其他观点交流甚至交锋，马克思主义的真理特质才能被激发，自然也会博得客体认同，推动对传播客体的建设。当下时局中，既要守卫我国主流意识形态阵地，又要勇于接受西方意识形态领域可资借鉴之处。只有在

---

① 央视网：《人们说 2013 就是爱你一生，2014 是爱你一世。〈新闻联播〉和你一起，传承一生一世的爱和正能量》(http://news.cntv.cn/2014/01/02/VIDE1388658967103377.shtml)。

不断的交锋、交流中，我国意识形态事业才能更加强大、稳定而自信。

马克思主义诞生于思想界群雄逐鹿、激烈碰撞的近代欧洲，马克思在早期发展中，不断回应不同阶级、不同组织的攻讦，也回答无产阶级内部的诸多不同声音，这锻炼了马克思主义强烈问题意识和包容精神的理论特色。就马克思本人而言，在早期因新闻自由和林木法案，与当时莱茵总督及其喉舌进行了辩论，维护了劳苦大众的切身利益。后期，马克思也在不同著作中回应各种观点，匡正人们对共产主义的看法。例如，在《神圣家族》中回应青年黑格尔派的观点，在《哥达纲领批判》中回应以拉塞尔为代表的无产阶级阵营中的机会主义者，给国际共产主义运动敲醒了警钟。马克思在传入中国的初期，其本身就是西方各种意识形态思潮的一支。中共也不规避任何竞争和对话，以此不断扩大马克思主义的影响力。毛泽东、邓小平著述都是回应时局问题，回应那些关于中国革命、中国抗日、新中国建立可能性和改革的悲观观点。正是在与各种思潮的不断交锋中，公众才进行了信仰和道路的选择。

在新媒体时代，一方面，包容性是马克思主义与生俱来也是不断强化的特征，这是马克思主义立命之本。基于大数据模式的新媒体，本身就有催生多元观点的技术指向，大数据让客体有了更多的信息去思考，拓展了传播客体群体的视野，催生了多元化的思想。而且大数据的概念及技术手段，都来自西方，西方意识形态传播能力进一步增强；另一方面，与时俱进作为马克思主义深入骨髓的烙印，只有正面对话才能实现自身的与时俱进，马克思主义也有正面回答不同意识形态的提问和挑战。马克思主义不会无视时代变化，而是善于利用时代变革的契机，在新的环境和态势中，寻找自身重换生机的可能性，从而历久弥新，把挑战转化成机遇。

三　培育受众的科学精神

科学性是马克思主义"特质仓库"中的扛鼎，这不仅体现在马克思主义本身的逻辑自洽，马克思主义永远处在丰富自身科学内容的过程中。而新媒体为马克思主义彰显科学精神，培养和引导传播客体建立科学的马克思主义观，提高传播客体自身素养，提供了时代机遇。

科学社会主义把马克思主义的基调界定下来，他指出："'科学社会主义'也只是为了与空想社会主义相对立时才使用，因为空想社会主义力图用新的幻想欺蒙人民，而不是仅仅运用自己的科学认识去探讨人民自己进行的社会运动。"① 自然科学也是马克思主义拱顶之石，可见马克思主义在出生时期，就非常重视吸纳科学思想。在马克思主义发展过程中，媒体对宣传马克思主义，培育公众科学精神，创造良好的受众氛围，做出了巨大贡献。

"科学"概念是舶来概念，在中国思想传统中，虽然曾有"墨家"讨论过一些物理问题，名家讨论过逻辑科学，也有《梦溪笔谈》等涉及科学思想的相关著作，但是中国主流思想流派仍然为儒释道三家所把控，这三个流派对"科学"并无深入探讨，甚至其中一些代表人物会对自然科学、思维科学持反对意见，认为这是破坏人们质朴思想的罪魁祸首。马克思主义在中国早期传播过程中，《新青年》就起到了宣传桥头堡的作用。"科学"的口号，虽然一开始是作为资产阶级民主派的主张而被提出，但是也为马克思主义在中国生根发芽积蓄了养分。中国共产党也使用"真理"这样一个科学判断的词汇而非价值判断的词汇作为评价马克思主义的标准，例如《实践是检验真理的唯一标准》一文之所以引起党内、国内的轰动，可见在主流意识形态领域，仍在寻找如何打磨马克思主义真理特质并使之照耀思想领域前进的努力中。

新媒体的科技意蕴本身就提供了与马克思主义联姻的黏合剂，一方面，新媒体进一步注催化剂于知识爆炸之中，客体的科学意识更强烈，科普网站、媒体平台等如雨后春笋，提高了传播客体的科学素养；另一方面，也存在大量伪科学信息鱼目混珠，冲击马克思主义，影响客体对科学的正确认知。马克思主义应当秉持科学精神，并努力培养马克思主义传播受众的科学精神和真理意识，为自身的传播夯实群众基础。一方面，利用科学信息广泛传播的契机，吸收人类最新科学成果，与马克思主义结合，在多维学科领域保持发声，让公众不断暴露于科学精神的覆盖范围中，争夺公众注意力资源，将公众关注点集中于科学性的向度；另一方面，引导客体甄别和抵制伪科学，培养传播客体的科学精神，提高马克思主义的影响力。科学精神不仅是正向培养的过程，更是一个通

---

① 《马克思恩格斯选集》（第三卷），人民出版社 2012 年版，第 341 页。

过训练受众的甄别能力的过程，这就需要对各种伪科学、反科学的思想进行正面回应，从而明确科学与伪科学、反科学的界限，提高区别度。在这种比较过程中，不同思潮的模糊特征更加清晰化，科学与其他思潮的甄别可能性大大提高，这种甄别也更具有操作性，更易为群众掌握，群众既有科学知识，更有甄别科学与非科学的能力，科学精神也能深入受众的意识，而不流于空话。

第三节　深化新媒体马克思主义大众传播内容建设

作为执政党，需要正面两个现状，一方面，马克思主义必须是主流地位，但同时也允许多元意识形态并存；另一方面，必须是指导地位，在不通过行政力量完全控制意识形态领域的情况下，自动参与并形成文化领域的潮流领导者，成为文化潮流中的舵手，紧握文化方向盘。

一　扩大马克思主义的理性张力

马克思主义具有能够紧抓时代延展自身的理论视域的能力，呈现极大张力。马克思主义的极致理性张力与生俱来，这表现在纵向上，能够根据时代发展调整自身，善于用时代的话题焕新自身的理论，用自己的理论剖析时代的呼声，而不是自创立后一成不变，因循守旧。例如《罢工和工人同盟》《法兰西内战》等都有其具体的时代重大事件作为其产生背景；在横向上，马克思、恩格斯广泛涉猎其他领域，积累历史和现实资料，关心不同民族、不同国家的民族解放和政治改革运动，关注民族问题和宗教和解，同时也关心自然科学领域并试图从中找寻新的理论灵感，进一步延展其自身的理论张力，如《论犹太人问题》《中国革命和欧洲革命》《自然辩证法》等，都体现了马克思主义的理论张力。

中国共产党在领导马克思主义中国化的进程中，理论张力的存在感进一步提升。马克思、恩格斯和列宁的理论，都是建立在城市背景之下并主要依托于工人阶级，发表的文章和专著都是分析城市工人现状的。但在中国共产党发展初期，它面临的是一个工人阶级人数少，城市数量少而且不发达，这与马克思主义诞生和在苏联发展时的社会环境、阶级基础有天壤之别。在经历初期挫折之后，调整策略，适合中国时局特质的策略被讨论和实施，理论张力让欧洲和苏联共产主义者惊讶。这种理论张力，在新中国成立初期比较集中地体现为"和平共处五项原则"、三个世界划分等，体现出中国化的马克思主义重新审视时局，包容当下国际新发展，将新的问题域纳入到马克思主义的讨论范围内。改革开放是马克思主义张力的绝佳体现。传统苏联式马克思主义认为，社会主义应当决绝于西方，政治上冷战，经济上封闭，对国民经济实行严格的调控，统一于计划经济体制下，所有的地区都要服从中央的统一安排。对内改革，划分经济特区，在经济特区内开展经济试点，打破举国统一体制，催生经济活力；逐步推进市场经济，打破计划经济的传统思维和国民经济运营模式；在对外开放方面，通过灵活的方法确定经济特区，实施对外开放。1990 年，党中央和国务院从新局势和国家发展战略层次考虑，又做出了开发与开放上海浦东新区的决定。除了不同地区的开放，在经济体对外合作方面也有巨大突破，国家允许企业在海外上市融资，国内外汇率允许比兑，成功加入世贸组织，遵守世贸规则，同时大力招商引资，促进国外技术、资本和人才进入中国。但在传统马克思主义理论中，"社""资"于经济领域决然不同，资本、商品都不存在流通的必要和可能性。但是面对全球化和新技术革命的新局面，马克思主义再一次用自己的张力将新形势纳入到自身理论创新中，用新的理论指导当下社会主义中国的特色之路。

新媒体时代，因为其开放性和多元化价值，与传统马克思主义有结构性冲突，对其产生了较大的冲击力。新媒体的出现，有诸多外部因素，但是其内部原因的变化是这些外部原因在媒体领域能够体现的依据，没有媒体本身的发展，外部影响也很难体现。首先，新媒体技术发展迅速，从价值角度来看，科学技术是历史的推动力，马克思曾评价蒸汽技术的作用，指出"蒸汽推动着其他方面技术的进步，其和其他技术一起推动着社会发生变化，为人类的生活带来诸多的方便。"[1] 新媒体技术带来的传播便利方便了主客体的基本信息传达，并引起生活方式改变。其次，新媒体技术作为当代技术爆炸时代的重要方面，迅速地改变了传统媒体的表达平台和受众的接受形式，主体也面临成为受众的趋

---

[1] 《马克思恩格斯全集》（第十二卷），人民出版社 1998 年版，第 40 页。

势，受众也具有成为媒体的可能性，进而影响了双方互动模式。最后，新媒体引起的传播主客体文化范式变化和心理的重调。新媒体通过对信息的延伸，拓展了人生活的空间，在这种现实和虚拟的混合空间里，人的关系也被重调，每个人都有听和说的机会，通过集体理性的方式更多地关注公共事务，私人空间打破，公共性视角成为新的思维方式。

马克思主义大众传播希望切实有效推进，必须要用更大的理论张力应对时局的提问，在新的问答逻辑中，将自己的问题域延展到这些新问题新领域上，切实改进传播思维方式、组织方式、体制建构，重视主动用新的语言、新的平台、新的技术表达马克思主义基本内涵和其时代化成果。

二　推进大众话语体系的构建

新媒体的发展自带多样色彩，这种"彩虹式"背景下的话语也呈多样化，为了应对新形势下如何保证社会主义思想的凝聚力和向心力，需要加强其自身能力以给予当下国际国内的时代问题以强有力的回答，让群众能够更容易掌握马克思主义，这个"掌握"的反向作用力，也让马克思主义更紧地拥抱群众。这种建构不是为创新而创新，而是不离开马克思主义的基本理论阵地和核心原则，这种话语创新一直不离开马克思主义的原则、方法和纲领。在中共经历的多个历史时期，都在大众话语体系构建方面有突出建树。在国民革命时期，自胡适开始，反对马克思主义的人认为中国共产党重"主义"，轻"问题"，这不能说没有道理，因为早期马克思主义者确实有将马克思主义生搬硬套于中国之嫌。《中国社会各阶级的分析》在论述贫民的生活状态时，没有使用经济量化或者政治定性的语言，而是说"荒时暴月，向亲友乞哀告怜，借得几斗几升，敷衍三日五日，债务丛集，如牛负重"①。这种语言结构，有很浓厚的民族语言特色，而且平易近人，很容易让中国人接受。由于马列起源的地域性，其具有西方人的话语方式，翻译也会导致语言佶屈聱牙，而且本身理论性特别强，所以不易于将其用之于分析中国现状的文章中。但是毛泽东和同时代的共产党人很好地转变了思路，取得了较好

---

① 《毛泽东选集》第 1 卷，人民出版社 1991 年版，第 6 页。

的成果。在初期国内建设时期和后期改革开放新时期，邓小平分别提出"不管黑猫白猫，能捉老鼠的就是好猫"① 和针对经济建设与精神文明建设关系的 "不能盲目地无计划无选择地引进，更不能不对资本主义的腐蚀性影响进行坚决的抵制和斗争"② 等言简意赅的理论，他认为要避免空洞的路线争论，重提实践，对个人的崇拜变成对实践的信仰。在当时，大众还很难普遍接受一些改革理念，这些阐理明晰又通俗易懂的比喻，反而具有破冰的功效。直到现在，当大众提及改革开放时，往往不去说里边的复杂内涵，而是用这些比喻一言以蔽之。所以，马克思以最现实的工作为梦想提供了拱石，都让人们更有可能走上逐梦之旅。中国共产党适时提出了不同的论述梦想的口号和理论，如北京奥运会的口号是 "同一个世界，同一个梦想"，当下 "中国梦" 的提出更是将梦想作为维系国家、民族、家庭和个人的意识形态领域的 "坐标"。"中国梦"的传播路径，很好地反映了当代中国共产党大众语言建构的模式，由国家领导人提出并有相应的具体文件对其基本内涵做出规定和表述，在此框架内，通过会议、报告和主流媒体不断传播并在传播中不断结合新问题新领域进行创新地阐述，与此同时，新媒体领域也发生呼应。2013年 12 月 18 日，人民网报道，全国百家网站共同协办的 " '中国梦·我的梦' ——全国百家网站寻找追梦人"③ 大型主题采访活动启动。在高度开放性、互动性中发生意义重构，产生新的表述特点，并经过与社会各方面的广泛结合形成了 "中国梦，宪政梦""中国梦，和平梦" 等衍生内涵。中国共产党积极吸取这种意义重构中所反馈的信息，了解大众所希望的向度，从而反过来进一步完善之前的口号和理念。

在新媒体时代，传播主客体的平权意识和积极参与沟通的心理有别于从前，讨论式的传播语境得到追捧，信息灌输者和被动接受者都无法在绝对意义上存在，平等轻松的信息交流文化氛围被确立，全社会参与思考和讨论马克思主义的头脑风暴成为一种可能，所以一种共识性的语言结构亟待被马克思主义传播者所重视。另外，虚拟的存在作为新的大

---

① 《邓小平文选》第一卷，人民出版社 1994 年版，第 323 页。

② 《邓小平文选》第三卷，人民出版社 1993 年版，第 44 页。

③ 人民网：《中国梦·我的梦——全国百家网站寻找追梦人》（http://theory.people.com.cn/GB/40557/372619/index.html）。

众话语体系发源地，被纳入人们视野。虚拟性存在指的是人在网络、即时通信和现代型传播手段使用中所制造的虚拟空间中所创造的存在物，可以是虚拟产品、艺术或者各种关系。虽然这一切存在于虚拟空间之内，但其参与者却是社会的人，其反映的内在根本规律植根于存在于现实社会中的，因此这种虚拟最根本上是一种实在，因此说其具有实在性。所以，这种虚拟实在既依托于新媒体快速传播，又因其实在性深刻影响现实中的人的行为和社会潮流。如何让基于现实实践的马克思主义的语言适应虚拟生存下的语言，不但不把其当作障碍，反而作为推动语言创新的契机。

三　创新当代马克思主义大众传播的内容

新媒体是一种传播形式，虽有其自身特点并具有一定的创造性，但是作为媒体，其本身的载体功能更为突出，更主要意义上是作为不同思想的交流平台和储存载体而存在。坚定马克思主义主导地位，就要不断创新当代马克思主义大众传播的内容，并将其视为马克思主义大众传播得以可能的关键策略。但是，马克思主义大众传播内容的创新需要不断随着实践和时间进行拓展，并不表示要无限度地扩充马克思主义大众传播的内容，以图建立一个包罗万象的庞杂体系。这种没有针对性和理论特色的马克思主义大众传播也就失去了它存在的意义。

马克思主义大众传播欲成为保证马克思主义指导地位的指称，成为实现马克思主义有效传播的途径，必须是从经典文本、历史经验和时代实践三者出发进行建构。

1. 要努力深入解读马克思主义经典文本，让理论焕发新生。马克思和恩格斯创立马克思主义之后，国际共产主义运动中的杰出代表和一些西方学者诠释与追问马克思主义经典的工作有目共睹，这种研究至今仍未衰落。西方比较早的对马克思经典文本进行创新性解读的学者是卢卡奇。他的《历史与阶级意识》被国内学界当作西方马克思主义的开山之作，其中在对马克思主义经典文本的概念进行时代性的重新解读之后，提出了物化与异化、总体性与辩证法等一系列重大但是此前容易被遮蔽的问题，这是一种深度挖掘，更是一种勇敢创新。虽然国内外学界对其观点的合理性有所争议，且他的部分关注点也不适应当下所面临的新形势和新问题，但是他用于重新诠释经典文本的理论向度彪炳千古。后期出现的法兰克福学派，结构主义的马克思主义、弗洛伊德主义的马克思主义等，都以这种创新精神作为引导。初入中国的马克思主义，由于公众对其认识较浅，部分信仰者更多的是作为较为僵化的理论而进行遵守，对其深度挖掘专业主要依托苏联的研究成果和共产国际的解释，这种问题直接导致了中国共产党早期的诸多失败。从马克思的出生"胎记"来看，其起始往往是通过对传统哲学的批判（如《德意志意识形态》和《关于费尔巴哈的提纲》）或者在与其他同时期哲学家的论战中实现的（如《反杜林论》和《神圣家族》），所以往往具有很强的专业性，直接用哲学论述时局的文章偏少或者只是零散的手稿（如《1844 年经济学哲学手稿》）。而毛泽东却在马克思主义哲学指导下对中国时局进行了深层次的、具有哲学高度的把握，特别是《矛盾论》和《实践论》两篇文章，将马克思主义中最抽象的哲学部分创造性地应用于中国革命战争中。在新媒体时代，马列经典深究与创进任重道远，否则创新也不过是浮于表面的无根之木。

2. 要汲取国际共产主义运动和中国共产党的丰富的历史经验，特别是总结升华改革开放以来的基本经验。运动的低潮不意味着我们要抛弃共产国际的经验，但其历史实践经验和理论成果丰富，在很长一段时间内也为中国共产党的成长提供了很大帮助。在传播领域，共产国际（特别是第三国际）通过其机关刊物《共产国际》和《国际新闻通讯》，有力地宣传了马克思主义。但是，共产国际也留下了很多教训，例如单纯强调依赖工人而忽视了共产主义运动的广泛群众性，强调无产阶级独立领导革命而缺乏广泛联合各阶级的统一战线思想（苏联布尔什维克领导了工兵联盟，但布尔什维克不属于多数派），而且在后期，特别是第三国际很大程度上依托于苏联的政治体制，所以在密切联系群众方面，以上三点教训，在可借鉴意义上不逊于它的成就。中国共产党在其发展史上，总结出"三大法宝"，"三大法宝"的提出既是对中国现状和中国共产党实践的总结，也是借鉴共产国际的运动的教训而进行的内容创新。改革开放后，面对着前所未有的新的形势，但是在一些基本理念、创新思路、传播推广策略方面，不能脱离历史经验，而应该积极汲取。历史经验不是观赏的古迹和用来凭吊的遗物，它提供了很多可借鉴的传播原则和具体传播策略，从而让当代传播者有可借鉴的既有经验，从而避免少走弯路，让当代马克思主义大众传播内容创新更加高效而具有靶向性。

3. 要把时代实践作为有效结合研究经典文本和汲取历史经验的关键点，并将三者结合的成果恰当地应用马克思主义大众传播内容创新中，并成为其最终立足点。在当代中国，谈论马克思主义，就是谈论中国化的马克思主义，谈论马克思主义大众传播就是谈论中国特色社会主义体系如何深入人心，渗透到生活的方方面面并保持在多元化意识形态背景下的主导地位。不管是诠释马克思主义经典文本还是借鉴共产主义运动的历史经验，都要以坚持时代性和实践性作为立足点。在当代，中国共产党不断根据时代要求和执政实践、人民群众实践为中国特色社会主义理论体系增添新的内涵。例如对市场经济的论述的几次变革就可以一窥中国特色社会主义基于时代和实践变化的轨迹。在《关于建国以来党的若干历史问题的决议》中，提出了"计划经济为主、市场调节为辅"[①] 的方针，经过十年探索并结合对新形势的判断，邓小平指出："计划多一点还是市场多一点，不是社会主义与资本主义的本质区别。"[②]，到后来将市场经济提升成在资源配置中其基础作用的地位，现在，习近平总书记提出在市场决定性作用基础上完善宏观调控。这都体现了马克思主义内容创新要根据时代和实践变化而不断创新。

基于以上三点工作，统一于创新当代马克思主义大众传播的内容的时代任务中，才能保证马克思主义在意识形态领域的主导地位，反过来使党和理论界对这三点进行更深度地挖掘，巩固理论阵线。马克思主义基于文本、历史和实践的基本建构逻辑，为马克思主义大众传播构筑通往彼岸的钢铁大桥。

---

① 《中国共产党中央委员会关于建国以来党的若干历史问题的决议》，人民出版社1983年版，第324页。

② 《邓小平文选》第3卷，人民出版社1993年版，第373页。

第四节　推进新媒体马克思主义大众传播渠道建设

所谓渠道，亦即实现方式，具有渠道具有手段、方法的意味。同样一个信息，通过不同媒体、不同平台表现，则会产生受众群体、影响深度和信息解读等多方面差异。渠道虽然不决定传播内容和主旨，但决定受众接触的传播信息的最终形态，所以正视新媒体马克思主义大众传播的渠道建设，是马克思主义在新时代站稳脚跟、开创新篇的强基固本之法。

一　构建专业的、覆盖广泛的马克思主义大众传播阵地

时局造新景，天变人亦变，形势变化要求中国共产党不断改进马克思主义传播方式，充分运用新媒体的平台推动拓展党的意识形态影响范围，吹起攻坚新媒体阵地的冲锋号。

要在新媒体境况下构建专业的、覆盖广泛的马克思主义大众传播阵地，因为在现代化建设的新时期，新媒体领域就是阵地已经成为多元意识形态互相交锋的主阵地。习近平指出："理念创新，就是要保持思想的敏锐性和开放度，打破传统思维定式，努力以思想认识新飞跃打开工作新局面。"① 信息传播制高点的争夺，关乎中国特色社会主义道路的前进方向，关乎改革开放的大局。

新媒体平台的发展，为马克思主义以及党的政策的改进提供了更丰富的信息和材料，但是也冲击了主流价值观和民族文化领域。在互动性增强的表面特征下，新媒体领域实际存在着不平等的单向强势传播，这甚至更有甚于传统媒体。新媒体平台虽然表面开放，但是由于技术水平、渠道资源占有、文化输出能力等方面的差异，不同国家、不同民族、不同个人都不能实现真正对等的传播。例如美国的三片文化输出："薯片""影片"和"芯片"。这种输出强势程度表现为肯德基、麦当劳、汉堡王等美式快餐文化冲击各民族饮食文化；影片直接传播美式意识形态、美国拯救世界论，并且统治全球票房；芯片所承载的强大的运

---

① 《科学把握高校宣传思想工作基本原则》，《光明日报》2015 年 2 月 5 日。

算功能让世界一切依托高新技术的产业无法拒绝。再例如日本，动漫产业发展给日本的意识形态输出提供了通畅的渠道，"日本动漫……引发受众的思考，赋予动漫深、广、远的思想内涵"①。"70 后"津津乐道的是《铁臂阿童木》，而《哆啦 A 梦》《灌篮高手》则是"80 后"的终身记忆，"90 后"和"00 后"则追剧《犬夜叉》和《火影忍者》十几年，日本的思维模式从中国人刚出世到中年都在不断灌输，而中国动漫几乎是在 2000 年之后才起步。虽有名作范例，但都不是多集形式的作品，形不成长期规模效益；近期虽有《喜羊羊与灰太狼》《魁拔》等具有市场号召力的作品出现，但是凤毛麟角，而且出口受阻。

　　动漫产业只能说是冰山一角，整个传播阵地的争夺则是全面而残酷的。占据马克思主义大众传播阵地，就必须专业化、扩大覆盖范围。专业化的思维、运作模式和团队是占据马克思主义大众传播阵地的"硬实力"，而覆盖范围决定了"硬实力"的影响范围。以电影产业为例，电影是大众传播的重要途径，新中国成立后一些优秀电影，如《闪闪的红星》《小兵张嘎》等将马克思主义理想信念生动地向大众传播。而当下，中国上影、八一、长影、西影、北影曾经是中国最著名的电影制作单位，如今基本都入不敷出，基本靠政府拨款度日，一般电影工作室难以出产高质量的作品，而一些近期表现较好的公司如中国电影集团公司、华视影视投资有限公司、横店影视虽有部分影片票房丰收，但是远没有达到好莱坞的集团效应，技术水平、制片管理、后期推广的专业化还是逊于欧美，合作共赢意识也不够。2014 年上映的 Interstellar（中文译名《星际穿越》）则集合了派拉蒙影业、传奇影业和华纳兄弟三家之力，并且这种合作在好莱坞是常态，根据国际空间站和美国实际飞船模型，通过 3D 打印机打造出完全 1∶1 的宇宙飞船和空间站模型，技术专业化国内难以企及。继而凭借其专业化的推广，2014 年 11 月 5 日到 7 日，两天之间全球是一个国家和地区基本实现同步上映，也是好莱坞电影一直占据世界电影节主流的原因。

　　传统的马克思主义大众传播，因为依托党和政府的支持，而且国际舆论渗透较少，所以在专业化和拓展覆盖范围方面显示一定惰性，但面

----

① 陈奇佳：《日本动漫艺术概论》，上海交通大学出版社 2006 年版，第 98 页。

临新的竞争态势，必须把阵地的争夺当作新的挑战和机遇，用更专业化的方式回应时代的挑战。

二 提高马克思主义传播宣传阵地的感染力

我国新媒体发展导致受众激增，不同传播主体的感染力是争夺受众的主要方式。媒体的感染力是媒体生存的根基，缺乏感染力就失去了话语权。我国著名媒体人徐铸成曾说："新闻记者就像一个高明的厨师，要把精心采访得来的素材精心'烹制'后再献给读者。"[1] 色香味俱全的食品可以感染人的胃，通过有效整合马克思主义传统媒体优势和新媒体特点的传播，才能具有真正的感染力。

有权威数据显示，中国媒体业发展迅速，规模增长速度快，一个媒体想要获得受众，必须对受众有感染力。马克思主义大众传播如果希望深入发展，也要依靠感染力。工信部发布最新的通信业经济运行情况显示，2015 年 1—2 月，移动电话用户净增 337.4 万，而作为可支持各种媒体形式的 4G 移动网络，其继续保持高速增长态势，净增超过 2000 万户。互联网是新媒体的核心支撑力，中国互联网络信息中心发布的年度报告显示，"截至 2014 年 12 月，我国网民规模达 6.49 亿，全年共计新增网民 3117 万人。互联网普及率为 47.9%"[2]。传统媒体方面，根据《中国新闻出版广电报》调查显示："2014 年全国出版图书、期刊、报纸总印张为 2810.13 亿印张，"[3] 新媒体和传统媒体的共同发展让客体有了更多信息突进和参与公共事务的可能性。媒体的全面发展稀释了原本稀缺的注意力。值得注意的是，中国社会科学院中国舆情调查实验室主编和社会科学文献出版社于 2014 年 3 月 17 日联合发布《中国舆情指数报告（2013）》（目前未出 2014 年版），报告显示，"2013 年，中国网络人口超过 6 亿人，活跃用户为 4 亿人左右，虽然大家上网时长有所

---

① 人民网：《新闻作品的感染力从何而来》（http：//media. people. com. cn/n/2013/0304/c192362-20670147. html）。

② 《中国互联网络发展状况统计报告（2014 年 7 月）》（http：//www. cnnic. net. cn/gywm/xwzx/rdxw/2014/201608/W020160803204144417902. pdf）。

③ 新华网：《2014 年全国新闻出版业基本情况》（http：//news. xinhuanet. com/zgjx/2015-09/06/c_ 134593408. html）。

增加，但选择信任电视、报纸等传统媒体的受访者仍然最多"①。并且
通过系数比较，报告得出"综合计算得出的媒体影响力指数显示，电视
媒体得到 83 分，排名最高；报纸和网络则以 69 分和 64 分，分列二、
三名；杂志得分最低"②。综合以上数据，可见新媒体发展迅速，业务
范围拓展快，受众增长幅度大，但是，新媒体的影响力还是低于传统媒
体的，这既有传统媒体的历史惯性，人们早已习惯从传统媒体获得真实
权威的信息；另外也证明新媒体自身感染力有待提高，在增强感染力方
面还没有传统媒体那样的深厚经验积累和成熟模式。然而，这也为从事
于马克思主义大众传播的新媒体提供了契机，因为一方面，从事马克思
主义大众传播的新媒体一般依托于传统媒体，例如人民网就将自己定位
为"是世界十大报纸之一《人民日报》建设的以新闻为主的大型网上
信息发布平台，也是互联网上最大的中文和多语种新闻网站之一"。新
华网依托于新华社，其他主流党政新媒体都有所挂靠的政府宣传机关。
传统媒体的感染力和公信力会自动延展到与之挂靠的新媒体，从而使这
些新媒体平台享有其他平台所不具有的先天优势，也为马克思主义大众
传播提供了稳定的助力；另一方面，他们在具有传统媒体优势的同时，
仍具有新媒体的优势，不仅是传播方式上发生革命性变化，更新更快地
发布信息，利用音频、图片、视频等流媒体形式丰富传播内容，而且在
经营模式上遵循新媒体的经营规律，人民日报社社长杨振武在人民网的
工作会议上指出："人民网通过上市融资，已具备较雄厚的资金实力。
要注意研究如何围绕主业，进一步加大资本运作和资源配置力度，通过
兼并、收购、参股、控股等途径，实现资本增值、利润最大化和所有者
权益最大化。希望人民网优化资源配置，调整发展思路，从延伸产业和
上下游产业入手，形成以传媒产业和文化产业为主体的实体经济产业集
群，从而壮大自身规模，增强再造功能，努力成为我国最具实力、最有
发展后劲的重点新闻网站。"③

---

① 刘志明：《中国舆情指数报告（2013）》，《参考消息》2014 年 3 月 19 日。

② 同上。

③ 人民网：《人民日报社社长杨振武：全力支持人民网加快发展》（http://politics.people.com.cn/n/2015/0831/c1001-27535007.html）。

三　坚持重视大众传播与强化组织传播相结合

组织，起初是作为生物概念提出的，在当代应用于社会科学领域。诺贝尔奖得主赫伯特·西蒙在《管理行为》第三版导言中将组织定义为"一个人类群体当中的信息传播与相互关系的复杂模式"[①]。组织传播指的特定组织进行的有目的、有计划、有制度的传播活动。它包括组织内传播和组织外传播两方面，共同构成了有效组织传播的两大支柱。

大众传播和组织传播虽然在定义上有根本区别，但各有特点，优势互补，可以将其结合运用于马克思主义大众传播中去，以期得到"1+1>2"的效果。两者虽有区别，但其界线是可以打破的，大众传播是由一定的组织去运作的，至少是基于一定组织所支撑的平台；组织传播也需要借助大众传播的模式，如校园广播、内部刊物等。大众传播必须依托于组织，组织为了生存和扩大就必须直接或者间接地面向大众传播，所以两者是互相渗透、相互转化的。大众传播和组织传播相互结合，可以更有效地传播信息。例如甲型 H1N1 流感的报道，最初在大众传媒那里含混不清，容易造成恐慌，当党政和医疗组织传播畅通后，制定出统一的疾病定性、流行态势等信息，内部达成共识最终向大众发布最新的权威的科学的信息，之后大众传媒迅速扩散信息，让大众对甲型 H1N1 流感有了准确的意识，很好地进行了预防，这是组织传播和大众传播结合的标准范例。在马克思主义领域，长期以来是由党政组织传播再到大众传播的发生机制，这种机制迅速有效，能够将中央精神迅速传达到全国人民。但是，媒体长期处于单纯的传话筒地位，也有很大负面效应，一方面，中央部分人的错误决定会通过媒体放大，如"以阶级斗争为纲""两个凡是"等通过大众传播产生了极大的破坏；另一方面，长期的由组织传播向大众传播的单向输出，缺乏反馈机制，组织传播应该主动接受大众传播的反馈，从而做出符合时代和实践的调整。

四　探索新媒体与传统媒体并存融合的传播规律

探索新媒体与传统媒体并存融合的传播规律，发挥两者优势，既推

---

① ［美］赫伯特·A. 西蒙：《管理行为》，杨砾、韩春立、徐立译，北京经济学院出版社1988 年版，第 9 页。

动传统媒体改革进程，又用传统媒体指称新媒体传播，但是，两者融合不是简单地拼凑，而是探索两者融合的规律，形成相互推进的效应。

探索新媒体与传统媒体并存融合的传播规律，不是一个抽象理论建构的过程，也不是一蹴而就的，而是传统媒体从不断突破自身的时间努力中总结出来的。在广播这个最传统的媒体领域，中国国际广播电台提出了新媒体情况下的新部署，即《中国国际广播电台就互联网电视业务发展做出专题部署》，文件指出："进一步丰富运营内容；进一步探索商业模式；进一步开拓市场渠道；进一步加强公司管理；在整合中推动媒体融合发展。"[1] 互联网被强调，最具特色的是游戏人群被纳入广播媒体关注的重点，游戏人群从被当作"不良少年"到被正视，姿态转换在悄然之间。

两种媒体融合规律可从两方面理解。一方面，马克思主义传统媒体受党政机关的规范，在信息上具有权威性，长期的报道占据了固有的受众信任，而且传统媒体一般占用大量信息渠道资源，给予及时准确报道，因而新媒体发展要借鉴传统媒体的踏实有效的运作模式，不能仅仅靠转载和改变其他媒体的信息来维持自我的信息更新，更要建立自己的信息采编团队，真正出现自己的原创信息，同时要积极利用好传统媒体的有效资源，将其权威性移植到自身，并以此为基础提升自己的建设水平；另一方面，传统媒体一改敌视或拒斥新媒体的惯性，不应将其视为支流，也不能将自身的新媒体平台视为附属品，改变思路为我所用，并扶持新媒体平台的增城，成为新的增长点。

第五节 增强新媒体马克思主义大众传播的效果建设

马克思主义传播效果作为马克思主义宣传战线的终极目标，具有最终的指引和评价功能。

---

[1] 中华人民共和国国家新闻出版广电总局：《中国国际广播电台就互联网电视业务发展做出专题部署》，2015 年 8 月 12 日（http://www.sarft.gov.cn/art/2015/8/13/art_114_28037.html）。

一　提升新媒体马克思主义大众传播的现实有效性

(一) 提高关注度

马克思主义大众传播的有效性，首先体现为马克思主义受关注的水平高低。马克思主义自创生以来，就十分注重提高自身关注度，从而扩大受众群体的数量，保证自身理论在更深层次上被接纳。以《共产党宣言》为例，针锋相对地回答了资产阶级、封建阶级对无产阶级的诘难，从而在无产阶级以及其他阶级有识之士的思想领域，树立了对科学社会主义的信仰认同，壮大了革命队伍。中共历史亦如是，毛泽东就提出："要把革命的种子，撒遍红军所走过的地方。"[①] 以长征期间为例，中共创作《劝郎回头》等文艺作品；发行了部分书籍，如《告败军士兵兄弟书》；并设立文教委员会，各级党组织设立文教委员一职。国内学者认为长征是中共史上马克思大众化的标杆，学者张品良指出："长征是中国革命历史上第一次把马克思主义传播地域最广的一次，是马克思主义大众化的一次成功尝试。"[②] 新中国成立之后，马克思主义宣传曾一度处于僵化状态，单纯要求民众信仰马克思主义的种种符号，而对马克思主义本身却鲜有探讨，其中以千篇一律的强调口号的"大字报"和长期不变的"样板戏"为代表。直到第二个 30 年，民众的关注度又回到什么是马克思主义真正科学内核的讨论中，民众对马克思主义的关注度空前高涨。

由此可见，民众对马克思主义的关注度并非处于稳态的，而是不断变化，要在当代推动民众对马克思主义的关注度不断提高，就要借助新媒体。特别注意的是，新媒体和马克思主义简单结合，已经无法满足客体的需求，客体关注度的数量在一定阶段上是既定的，注意力洼地的贮藏量在一定时间段也是有限的。只有将新媒体和马克思主义在更高层次上有机结合，创造出更新的运作理念、经营模式、语言系统和反馈机制，追上甚至超越西方新媒体的发展水平，才能将新媒体中的马克思主义锻造成客体注意力洼地。

---

① 《闽西革命史文献资料》（第二辑），中共龙岩党史资料征集小组编辑，1982 年，第 360 页。

② 张品良：《长征马克思主义大众化传播探析》，《江西财经大学学报》2010 年第 5 期。

（二）消解距离感

任何意识形态的传播，其最终目的是民众的自觉接受、信奉和追随。如果一种意识形态和受众仍存在距离感，那么这种意识形态传播最终会走向失败。意识形态的最终目的是植根于受众的思想中，而不是作为一种独立的存在树立于受众之外。

意识形态的政治倾向性极为显性，这种特性本身就会引起受众的警惕和心理戒备，马克思主义长期占据政治思潮的主流，对其他思想具有匡正之功能，但是，这也会引起一些叛逆思想，引起部分民众对其曲解。不止中国如是，以美国为例，以主体民族——盎格鲁—撒克逊民族意识形态为主要内容的美国梦及其周边产品，是美国传播领域的肱骨。库克（Cook）认为，盎格鲁—撒克逊的意识形态甚至控制了教科书，"20 世纪 20 年代最后几年的教科书在民族主义的影响下，宣扬了对新移民及其后代的偏见"①。因此，也可以看到美国少数民族往往创生与盎格鲁撒克逊主义价值取向相反的文化形式，来表达自己的独立性和对主流意识形态的叛逆。以音乐为例，白人创造的音乐中，虽然有摇滚和乡村音乐仍是欧美乐坛的主流，而由黑人和南美移民创造的蓝调、节奏布鲁斯、拉丁音乐、hiphop＋rap、jazz 等，流派更多，受众也更广。美国少数民族音乐，为很多国家音乐人和歌迷所痴迷，这些音乐形式以更低的门槛和更具亲和力的表现方式，使其影响力超过美国主流意识形态领域的音乐产品。其中，嘻哈音乐更是风靡全球，成为世界很多国家青少年的音乐选择，音乐中载负的黑人价值观更是影响了这些青少年。

美国少数民族音乐的成功启示我们，主流意识形态往往会因为和受众的距离感，而限制自身传播。因此，尽管马克思主义虽长期占据意识形态领域的主导地位，但是想要进一步博得群众好感，让群众自觉接受马克思主义，就需要不断消除与民众的距离感。新媒体催生了草根文化新媒体的用户门槛几乎为零。所有人在新媒体中可以实现平等对话。马克思主义传播主体要承认并主动接受这一变化，保证传播平台的互动性和低姿态，以群众的视角作为出发点，从而与人民群众保持同步视角。这既是新媒体提供的契机，也是群众观点和群众路线在当下语境中的新

① Giordano, Gerard, Twentieth-Century Textbook Wars, New York：p. lang, 2003, p. 33.

应用。

二　构建完善我国新媒体监管机制

制度建设是现代文明社会的重要标志，而监管机制是制度健康有序运行的重要保障。我国新媒体的发展迅速，相配套的监管机制建构速度相对滞后，结构性缺陷凸显，监管意识迟滞。从长期健康发展的大局着眼，我国新媒体的发展，只有围绕马克思主义传播观这一条主线的前提下，建构符合中国新媒体发展特点的监管机制，解构传统体制窠臼，不断推动监管制度改革和创新，才能保障我国新媒体的健康有序发展。

（一）新媒体传播特征下监管的必要性

任何领域内的监管机制的建构过程，都是一个生成性的流变状态，新媒体的出现，因为其新的特征带来了诸多变化，从而为监管提供了新课题。首先，新媒体技术发展迅速。从正向价值角度来看，科学技术是历史的推动力，马克思曾评价蒸汽技术的作用，指出："蒸汽推动着其他方面技术的进步，其和其他技术一起推动着社会发生变化，为人类的生活带来诸多的方便。"[1] 新媒体技术带来的传播便利方便主客体的基本信息传达，并引起生活方式改变。生活方式变革和技术革新需要配套的监管理念、技术和机制，催生新的职业形态、执法手段、技术处理模式等，如网警、网络删帖等新的监管职位或手段随之出现。其次，新媒体技术作为当代技术爆炸时代的重要方面，迅速地改变了传统媒体的表达平台和受众的接受形式，主体也面临成为受众的现实处境，受众也具有成为媒体的可能性，进而催生了新型的双方互动模式。因此，监管的范围进一步扩大了，监管的作用空间大大延展，既要监管媒体组织和平台，又要监管参与新媒体和利用自媒体的人，监管对象交叉、多层的特点更加突出。例如，法律为此做出了新规，即网络造谣诽谤的立案标准："利用信息网络诽谤他人，具有下列情形之一的，应当认定为刑法第二百四十六条第一款规定的'情节严重'：（一）同一诽谤信息实际被点击、浏览次数达到 500 次以上，或者被转发次数达到 500 次以上的……"再次，新媒体引起的传播主客体文化范式变化和主观意识之流

---

[1]　《马克思恩格斯全集》（第十二卷），人民出版社 2006 年版，第 40 页。

的重调。新媒体通过对信息的延伸，拓展了人生活的空间，在这种现实和虚拟的混合空间里，人的关系也被重调，每个人都有听和说的机会，借助集体理性的方式更多地关注公共事务，私人空间逐渐被公共空间撕扯、占领以至于碎片化和开放化，公共性视角逐渐成为新的思维方式。同时，传播主客体的平权意识和积极参与沟通的心理有别于从前，讨论式的传播语境得到追捧，信息灌输者和被动接受者都无法在绝对意义上存在，平等轻松的信息交流文化氛围被确立，单个主体的意识之流逐渐散射于公共空间，不同主体之间的意识流冲破结构化的个体框架，日益融合。僵化的意识结构，借助新媒体的交互信息通道，汇集为社会成员的意识流聚合，客观上增加了全社会参与思考和讨论马克思主义的头脑风暴的可能。因此，每个人都可以成为理论创新的源泉，但也都可能成为错误、误读甚至蓄意扭曲马克思主义的推手。由于理论作为较高深度的思想形式，具有多层次性、复杂性，因而也容易被遮蔽和扭曲，因此，监管不能流于表面，而要深度审核，无疑会使工作难度加大。最后，新媒体带来信息以及生活方式的虚拟化。在更深的哲学意义上，虚拟代表着信息化和符号化所导致的人类思维方式、话语方式和实践方式的变革，虚拟化提供了一个不同以往的世界，这不是话语空间的简单延展，而是全新语境的出现，在此，人，特别是新生代人群的创造性思维得到广阔领域，以往生活中和理论中所设置的界限被突破，相对于老一代人，青年的思维逻辑结构需要打破和重组，这集中表现为虚拟生存。在青年对自然的突破和人对人本身的超越两方面，我们通过虚拟生存的具体表现的分析进行展开阐释。因为这种虚拟性，无意中扩大了监管的范围，这种范围既包括虚拟空间的范围，也包括人思维的广度。综上，在当下无视监管变革的必要性和紧迫性，无异于掩耳盗铃，要肯定新媒体的作用和积极面，更要因势利导，创新监管模式，从体制机制上入手，恰当运用新技术，完善相关法律，使新媒体下马克思主义大众传播一直沿正轨前行。

（二）传统的行政性监管面临挑战

行政性监管是国家监管体制的既有组成部分，发展程度相对完善和成熟，是完善新媒体监管机制的重要一环，特别是我国人大和最高法院没有出台相关成文法的情况下，行政性监管更是监管机制的支柱。但是，这种监管机制正面临着内外两个方面的挑战。一方面，行政性监管本身的局限性日益突出，成为新媒体时代的桎梏；另一方面，新媒体带来的新挑战以及新媒体自身对行政手段提出的更新更高的要求，也迫使行政手段重新自省和重构。

第一，行政性监管自身局限。虽然国家对媒体领域的管理已经渐成体系，但是，行政型监管的局限性依然不可忽视。首先，行政性监管随意性比较大。虽然有比较完善的法规体系，但是往往是原则性规定，很难做到事无巨细，可操作性程度差，相应地，在具体操作中，领导干部和行政人员主观性比较大，具体可依据条款稀缺。其次，行政性监管中存在腐败现象。腐败是一个老问题，但是在新的语境下会衍生出新形态，这要求监管体制更要有前瞻性。中央提出了"反四风"的总体要求，在表明国家反腐倡廉决心的同时，也表明腐败现象确实存在并且根深蒂固。最后，行政性监管相对滞后。一方面，新媒体革新迅速，行政手段总要适应新的局面，很难提前预测新媒体的发展方向，所以很难超前或同步于新媒体的发展，从而留下监管真空地带，违法行为滋生空间并不鲜见；另一方面，行政性监管受到传统思维和体制的束缚，往往效率偏低，故步自封，不能主动适应新形势，前瞻性和超前意识更是无从谈起，所以出现滞后的现状。

第二，新媒体带来的新挑战和新要求。新媒体带来了思想领域的一派繁荣，促使人们重新审视以往的既定概念，质疑固定的思维模式，挑战传统。传播客体迫切需要了解新媒体的深层内涵并和当代政治、经济特别是个人所处的生活结合，传播客体将自身得到和整合的信息作为中性的可利用物，而非盲目的信仰；传播主体也要面对形势及时调整，通过个案研究、理论阐释和方针解读等方法用可以平等化沟通的方式表达马克思主义，避免在注意力稀缺的传播领域面临可能失语的风险。马克思主义主客体都有重新赋予马克思主义新面貌的迫切需求，即人人都真正了解马克思主义，有诠释马克思主义的诉求，并有意识地尝试利用马克思主义来解释时代处境和生活境遇。多元主体解释马克思主义，带来了马克思主义传播的繁荣局面，但也往往很难发现、辨识并监管其他乱象。另外，新媒体对行政机构进行监管，一些行政机构迫于新媒体舆论而妥协，不愿意承担监管责任，从而出现行政监管机构失位、渎职的现象。

（三）新媒体马克思主义大众传播的监管机制建设

建构机制的过程必然是系统化的过程，必须用系统的观点看待新媒体时代马克思主义大众传播的监管机制建设，新媒体带来的全方位生活体验和立体传播模式，需要全方位的监管体系和立体监管制度去应对，才能保证新媒体环境中的马克思主义大众传播有效进行。

第一，完善立法体系。中国尚未有法律专门管理新媒体，甚至关于媒体也没有专门法律。现在监管体制的执法依据都是行政法规和部门规章，使监管的力度和思路一致性受到影响。而且，原则性立法和指导意见难以满足实际执法过程中对高度可操作性法条的需求，这也限制了监管人员的监管行动。放眼国外，1996 年 9 月，英国政府颁布了互联网监管法规《3R 安全规则》，打击通过网络发布色情内容和其他有害信息。法国立法机构在 1996 年制定了《菲勒修正案》，此法案针对互联网情况下通信自由中的问题，要求服务商装配过滤软件。相比之下，中国的新媒体和互联网法制建设相对滞后，因此，新媒体下马克思主义大众传播难以有更高效法律保护，监管队伍的建设和执法水平也会遭遇瓶颈，增加了马克思主义被歪曲和攻击的可能性。

第二，多机构合作监督。现在，中国关于新媒体的行政法规主要是广播电视总局制定的，其他部门还没有完整的行政法规体系应用于新媒体的监管，现在施行的多为单例的《意见》《办法》等。在监管具体工作中，没有系统法律体系的组织性表现就是，形成不了多部门合作共同监管的局面，这大大影响了监管的效果。除了广播电视总局以外，公安部门、工信部门应当制定相关法规并以之作为监管的根据，中央和各地方的新闻宣传办也应对信息进行监管。多机构监管不意味着监管主体仅仅限于政府内部，行业协会、新媒体单位自律，也应成为多机构中的重要一员，监管机制应当成为政府、行业、社会三元主体共构的事业，设定准入机制；新媒体单位制定规章并严格遵守，从信息传播的源头进行监管，公众参与监管，利用既有监管渠道反馈信息。多机构参与、多重保护让马克思主义主导地位更加稳固。

第三，坚持不懈地推动监管创新。推动新媒体时代马克思主义大众传播的监管机制建设，必须坚持动态思维，以生成性的视角看待监管机制的建设、改进和纠错。不可否认，新媒体包含了多元丰富的意识形态、日新月异的传播方式、不断推陈出新的传播内容，因此，对新媒体的监管必须创新模式、创新受众定位以及创新监管思路，从而适应新局势的发展。马克思主义是与时俱进的理论，马克思主义大众传播也要不断在新领域中焕发生机，这既需要新媒体这个平台赋予其活力，又要有与时俱进的不断创新的监管体系为马克思主义大众传播保驾护航，这种支持必须是时时刻刻不放松，这就要监管一直在不断创新的过程中，这是马克思主义理论的内在要求，也是社会主义现代化的基本精神导向。打破体制思维、调整对待新媒体的姿态，不断接受并使用最新技术。

结　语

　　马克思主义大众传播是一个历久弥新的社会热点和学术话题，其多向度意义已经不用赘述。老一辈无产阶级革命家、思想家、社会主义建设者和改革者，在这个领域中开始了另一种"长征"，在那些"雪山"和"草地"中进行了艰苦卓绝的奋斗。在新媒体时代，既要保持传统媒体时代马克思主义大众传播的有益经验，又要改革传播结构和实现方式，使马克思主义大众传播更好地契合新媒体时代的新语境，既有利用新的传播方式，提高马克思主义大众传播互动性、亲和力、实践性和战斗力的契机，又有需要应对多元意识形态冲击、西方思想挑战、马克思主义与新媒体兼容等多重压力。

　　新媒体视域下马克思主义大众传播是一个多要素组合生效的整体，一方面要树立整体思维，看到不同要素之间相互制约或相互促进的方面，另一方面要详细分析不同部分的细节，将传播主体、传播客体、传播内容、传播渠道、传播效果分别讨论，并发现其中联系，共筑整体分析的框架。在此基础上，分析新媒体时代马克思主义大众传播存在的问题及其原因，并全方位构建策略蓝图，以应对新媒体语境中前所未有的多元性和复杂境遇。本书一直秉承系统与分层、整体与部分、概观与细节统一分析的方式，从而让本书的分析更全面深入，更具说服力和学术价值。

　　在本书的研究和探索过程中，一直存在着新的发现和理解，不断激励着我去进一步探索新领域、细化分析要素、寻找不同切入点。但是由于本人写作功力、问题意识、学术涵养都有进一步提高的空间，所以也使文章呈现出若干薄弱环节和不足之处，这也是我今后努力的着力点，希望学界同人为本书提出意见，也希望志同道合者能在本领域有进一步突破。

参考文献

一　著作类

（一）马克思主义经典著作

1. 《马克思恩格斯选集》第 1—4 卷，人民出版社 1972 年版。

2. 《马克思恩格斯全集》第 1—50 卷，人民出版社 2006 年版。

3. 马克思：《1844 年经济学哲学手稿》，人民出版社 2014 年版。

4. 恩格斯：《反杜林论》，人民出版社 1999 年版。

5. 恩格斯：《路德维希 · 费尔巴哈和德国古典哲学的终结》，人民出版社 2014 年版。

6. 恩格斯：《社会主义从空想到科学的发展》，人民出版社 2014 年版。

7. 《列宁全集》第 36 卷，人民出版社 1985 年版。

8. 《列宁选集》第 1 卷，人民出版社 1995 年版。

9. 列宁：《帝国主义是资本主义的最高阶段》，人民出版社 2014 年版。

10. 列宁：《国家与革命》，人民出版社 2014 年版。

11. 列宁：《列宁论新经济政策》，人民出版社 2014 年版。

12. 列宁：《社会主义与宗教》，人民出版社 2001 年版。

13. 列宁：《唯物主义和经验批判主义》，人民出版社 2014 年版。

14. 斯大林：《马克思主义和语言学问题》，人民出版社 1972 年版。

15. 《毛泽东选集》第 1—4 卷，人民出版社 1991 年版。

16. 《毛泽东哲学批注集》，中央文献出版社 1988 年版。

17. 《邓小平文选》，人民出版社 1993 年版。

18. 《江泽民文选》，人民出版社 2015 年版。

19. 胡锦涛：《论构建社会主义和谐社会》，中央文献出版社 2013 年版。

20. 习近平：《习近平谈治国理政》，外文出版社 2014 年版。

21. 习近平：《在庆祝中国共产党成立 95 周年大会上的讲话》，人民出版社 2016 年版。

22. 习近平：《在全国党校工作会议上的讲话》，人民出版社 2016 年版。

23. 习近平：《在知识分子、劳动模范、青年代表座谈会上的讲话》，人民出版社 2016 年版。

24. 习近平：《在网络安全和信息化工作座谈会上的讲话》，人民出版社 2016 年版。

（二）中文论著

1. 班固：《汉书·李寻传》，中华书局 1999 年版。

2. 白亚锋：《马克思主义大众化研究》，中国农业科学技术出版社 2011 年版。

3. 北京市新闻工作者协会：《中国媒体融合发展报告（2015）》，社会科学文献出版社 2015 年版。

4. 陈力丹：《新闻理论十讲》，复旦大学出版社 2008 年版。

5. 陈力丹：《舆论学：舆论导向研究》，上海交通大学出版社 2012 年版。

6. 初广志、郎劲松、张殿元：《转型期大众传播媒介的伦理道德研究》，首都师范大学出版社 2007 年版。

7. 崔保国：《中国传媒产业发展报告（2015）》，社会科学文献出版社 2015 年版。

8. 董璐：《传播学核心理论与概念》，北京大学出版社 2008 年版。

9. 范卫锋：《新媒体十讲》，中信出版社 2015 年版。

10. 高福安：《媒体管理概论》，中国传媒大学出版社 2010 年版。

11. 匡文波：《网络传播学概论》，高等教育出版社 2004 年版。

12. 黄富峰：《大众传播伦理研究》，中国社会科学出版社 2009 年版。

13. 侯波：《马克思主义大众化思想与规律性研究》，中国社会科学出版社 2011 年版。

14. 何玲玲：《当代中国马克思主义大众化的挑战与路径研究》，人民出版社 2013 年版。

15. 刘京林：《大众传播心理学》，中国传媒大学出版社 2005 年版。

16. 刘京林：《新闻心理学概论》，中国传媒大学出版社 2014 年版。

17. 刘海龙：《大众传播理论：范式与流派》，中国人民大学出版社 2008 年版。

18. 刘小华：《互联网+新媒体：全方位解读新媒体运营模式》，中国经济出版社 2016 年版。

19. 李彬：《大众传播学》，清华大学出版社 2009 年版。

20. 李欣人：《反思与重构：西方传播理论的人学解读》，高等教育出版社 2011 年版。

21. 李岩：《传播与文化》，浙江大学出版社 2011 年版。

22. 李萍、谭毅：《当代中国马克思主义大众化的历史与前瞻》，广州中山大学出版有限公司 2015 年版。

23. 林语堂、王海：《中国新闻舆论史》，中国人民大学出版社 2008 年版。

24. 林建华、朱建平著：《马克思主义中国化、时代化、大众化论纲》，知识产权出版社 2016 年版。

25. 陆小华：《新媒体观——信息化生存时代的思维方式》，清华大学出版社 2008 年版。

26. 阮东彪：《传播学视角：当代中国马克思主义大众化机制研究》，湘潭大学出版社 2013 年版。

27. 石磊：《新媒体概论》，中国传媒大学出版社 2009 年版。

28. 孙伯鍨、张一兵：《走进马克思》，江苏人民出版社 2014 年版。

29. 田智辉：《新媒体传播》，中国传媒大学出版社 2008 年版。

30. 唐绪军：《中国新媒体发展报告 No.6（2015）》，社会科学文献出版社 2015 年版。

31. 王员：《建国初期党的思想政治教育及其基本经验》，社会科学文献出版社 2013 年版。

32. 王永贵：《意识形态领域新变化与坚持马克思主义指导地位研

究》，人民出版社 2015 年版。

33. 吴满意、龙小平：《高校马克思主义大众化——网络宣传平台建设研究》，电子科技大学出版社 2015 年版。

34. 徐艳玲：《全球化、反全球化思潮与社会主义》，山东人民出版社 2005 年版。

35. 徐艳玲：《走进社会主义殿堂》，山东大学出版社 2009 年版。

36. 谢仁生：《民生改善与马克思主义大众化》，人民出版社 2015 年版。

37. 俞吾金：《意识形态论》，人民出版社 2009 年版。

38. 俞吾金：《被遮蔽的马克思》，人民出版社 2012 年版。

39. 杨荣：《中国共产党早期思想政治工作与马克思主义大众化研究》，江苏人民出版社 2014 年版。

40. 袁同楠：《广电蓝皮书：中国广播电影电视发展报告（2015）》，社会科学文献出版社 2015 年版。

41. 颜晓峰：《铸造推进马克思主义大众化新辉煌》，解放军出版社 2012 年版。

42. 尹韵公：《中国新媒体发展报告（2010）》，社会科学文献出版社 2010 年版。

43. 张一兵：《文本的深度耕犁：后马克思思潮哲学文本解读》，中国人民大学出版社 2008 年版。

44. 张一兵：《回到马克思：经济学语境中的哲学话语》，江苏人民出版社 2014 年版。

45. 张国良：《20 世纪传播学经典文本》，复旦大学出版社 2014 年版。

46. 张志芳：《当代中国马克思主义大众化的新探索：邓小平实现马克思主义大众化的路径研究》，中国社会出版社 2015 年版。

47. 周小华等：《基于新媒体技术的马克思主义传播》，国家行政学院出版社 2012 年版。

48. 周向军、傅永军：《全球化与当代中国文化发展研究丛书》（第 6 册），山东大学出版社 2009 年版。

49. 朱海松：《网络的破碎化传播——传播的不确定性与复杂适应

性》，中国市场出版社 2010 年版。

50. 展江：《大众传播通论》，中国人民大学出版社 2011 年版。

51. 赵月枝：《传播与社会：政治经济与文化分析》，中国传媒大学出版社 2011 年版。

52. 郑洁：《网络传播视域下马克思主义大众化的实现路径研究》，中国社会科学出版社 2015 年版。

（三）外文译著

1. ［德］尤尔根·哈贝马斯：《哈贝马斯精粹》，曹卫东译，南京大学出版社 1997 年版。

2. ［德］尼葛洛·庞帝：《数字化生存》，胡冰、范海燕译，海南出版社 2009 年版。

3. ［德］卡尔·曼海姆：《意识形态与乌托邦》，李步楼译，商务印书馆 2014 年版。

4. ［荷］丹尼斯·麦奎尔：《受众分析》，刘燕南译，中国人民大学出版社 2006 年版。

5. ［荷］丹尼斯·麦奎尔：《麦奎尔大众传播理论》，崔保国译，清华大学出版社 2010 年版。

6. ［荷］简·梵·迪克：《网络社会：新媒体的社会层面》，蔡静译，清华大学出版社 2014 年版。

7. ［加拿大］马歇尔·麦克卢汉：《理解媒介：论人的延伸》，何道宽译，译林出版社 2011 年版。

8. ［美］曼纽尔·卡斯特：《网络社会的崛起》，夏铸九、王志弘译，社会科学文献出版社 2006 年版。

9. ［美］沃尔特·李普曼：《客体舆论》，阎克文译，上海人民出版社 2006 年版。

10. ［美］阿瑟·伯格：《媒介分析技巧》，李德刚译，清华大学出版社 2011 年版。

11. ［美］E. M. 罗杰斯：《传播学史：一种传记式的方法》，殷晓蓉译，上海译文出版社 2012 年版。

12. ［美］保罗·莱文森：《新新媒介》，何道宽译，复旦大学出版社 2014 年版。

13. ［美］温迪·林恩·李：《最伟大的思想家：马克思》，陈文庆译，中华书局 2014 年版。

14. ［美］罗伯特·L. 海尔布隆纳：《马克思主义：支持与反对》，马林梅译，东方出版社 2014 年版。

15. ［美］保罗·莱文森：《数字麦克卢汉：信息化新千纪指南》，何道宽译，北京师范大学出版社 2014 年版。

16. ［美］迈克尔·拉什：《新媒体艺术》，俞青译，上海人民美术出版社 2015 年版。

17. ［瑞］福克斯、［加拿大］莫斯可：《马克思归来》，传播驿站工作坊译，华东师范大学出版社 2016 年版。

18. ［日］佐藤卓已：《舆论与世论》，汪平、林祥瑜、张天一译，南京大学出版社 2013 年版。

19. ［日］桥元良明：《媒体与日本人：日常生活的演变》，何慈毅、陈唯译，南京大学出版社 2013 年版。

20. ［以］阿维纳瑞：《马克思的社会与政治思想》，张东辉译，知识产权出版社 2016 年版。

21. ［英］利萨·泰勒：《媒介研究：文本、机构与受众》，吴婧译，北京大学出版社 2005 年版。

22. ［英］戴维·麦克莱伦：《马克思以后的马克思主义》，李智译，中国人民大学出版社 2008 年版。

23. ［英］乔治·拉雷恩：《马克思主义与意识形态：马克思主义意识形态论研究》，张秀琴译，北京师范大学出版社 2013 年版。

24. ［斯］齐泽克：《意识形态的崇高客体》，季广茂译，中央编译出版社 2014 年版。

25. ［英］彼得·奥斯本：《问题在于改变世界：马克思导读》，王小娥译，中信出版社 2016 年版。

二　论文

（一）期刊论文

1. 陈华栋：《加强高校思政博客建设的探索与思考》，《思想理论教育导刊》2008 年第 7 期。

2. 陈伟球：《新媒体时代话语权社会分配的调整》，《国际新闻界》2014 年第 5 期。

3. 陈林彬：《新媒体视域下马克思主义媒体观的再解读》，《浙江社会科学》2015 年第 2 期。

4. 陈锦宣：《新媒体对当代中国马克思主义大众化传播的影响》，《重庆理工大学学报》2015 年第 6 期。

5. 董树彬：《论当代中国马克思主义大众化的社会传播路径》，《学习与实践》2010 年第 4 期。

6. 邓国峰：《网络传媒时代马克思主义大众化的若干问题》，《学术论坛》2009 年第 6 期。

7. 邓艳葵：《网络文化传播与当代中国马克思主义大众化的实现》，《云南行政学院学报》2010 年第 1 期。

8. 樊浩：《中国社会价值共识的意识形态期待》，《中国社会科学》2014 年第 4 期。

9. 葛堂华：《网络传播与大众传播的关系辨析》，《佳木斯大学社会科学学报》2008 年第 2 期。

10. 郭渊：《从大众传媒看马克思主义在东北的早期传播》，《文化学刊》2008 年第 4 期。

11. 高宏存：《比较视野下新媒体新媒体管理机制探索》，《行政管理改革》2010 年第 12 期。

12. 顾钰民：《马克思主义中国化、时代化、大众化整体性研究的思考》，《上海师范大学学报》2011 年第 6 期。

13. 郭霄：《新媒体：马克思主义大众化新发展的重要载体》，《湖北经济学院学报》2014 年第 12 期。

14. 胡洪彬：《十七大以来当代中国马克思主义大众化研究的回顾与思考》，《探索》2009 年第 2 期。

15. 胡潇：《马克思恩格斯关于意识形态的多视角解释》，《中国社会科学》2010 年第 4 期。

16. 黄建榕、冯小宁：《新媒体技术与高校德育发展关系研究》，《华南师范大学学报》（社会科学版）2010 年第 3 期。

17. 侯惠勤：《意识形态的历史转型及其当代挑战》，《马克思主义研究》2013 年第 12 期。

18. 韩庆祥、陈远章：《马克思主义中国化时代化大众化要论》，《马克思主义与现实》2013 年第 10 期。

19. 孔德永：《当代我国主流意识形态认同建构的有效途径》，《马克思主义研究》2012 年第 6 期。

20. 李军林：《马克思主义在中国的早期传播：十年研究述评》，《河北学刊》2005 年第 6 期。

21. 李军林：《从"五 W"模式看马克思主义在中国早期传播的特点》，《湖南师范大学社会科学学报》2007 年第 1 期。

22. 李军林：《中国传统文化与马克思主义的早期传播》，《史学集刊》2007 年第 3 期。

23. 吕志国：《略论新媒体环境下马克思主义大众化的传播路径》，《继续教育研究》2011 年第 9 期。

24. 刘向军：《推进马克思主义大众化的多维度思考》，《思想理论教育导刊》2013 年第 8 期。

25. 雷璐荣：《简述国内新媒体研究的现实呈现》，《新闻界》2009 年第 5 期。

26. 骆郁廷、史姗姗：《论意识形态安全视域下的文化话语权》，《思想理论教育导刊》2014 年第 4 期。

27. 毛跃：《论社会主义核心价值观的国际话语权》，《浙江社会科学》2013 年第 7 期。

28. 聂筱谕：《西方的控制操纵与中国的突围破局——基于全媒体时代意识形态话语权争夺的审视》，《世界政治与经济论坛》2014 年第 3 期。

29. 彭颜红：《马克思主义大众化的传播创新》，《思想教育研究》2010 年第 12 期。

30. 孙熙国：《马克思主义大众化的三个重要环节》，《思想教育研究》2008 年第 10 期。

31. 隋秀英：《新媒体时代马克思主义大众化传播研究》，《理论界》2014 年第 8 期。

32. 唐莉：《信息化视域中的马克思主义大众化策略》，《毛泽东邓小平理论研究》2009 年第 2 期。

33. 谭可可：《论网络新媒体马克思主义大众化传播的三重维度》，《湖南社会科学》2013 年第 6 期。

34. 谭可可：《"机制创新"推进网络新媒体马克思主义大众化传播》，《学术论坛》2015 年第 3 期。

35. 谭志敏、吴叶林：《略论新媒体环境下高校马克思主义大众化的实现路径》，《学校党建与思想教育》2014 年第 13 期。

36. 田克：《网络与主体性德育教育的融合》，《沈阳航空工业学院学报》2009 年第 6 期。

37. 徐荣梅：《马克思主义大众化的传播需求及其效果》，《重庆社会科学》2010 年第 12 期。

38. 徐艳玲：《建立马克思主义传播学初探》，《当代世界与社会主义》2010 年第 6 期。

39. 徐艳玲：《马克思主义传播学：为传统思想政治教育的困境破题求解》，《理论探讨》2013 年第 1 期。

40. 徐成芳、罗家锋：《试论当前中国意识形态安全面临的主要问题》，《政治学研究》2012 年第 6 期。

41. 徐英：《新闻编译中意识形态的翻译转换探索》，《中国翻译》2014 年第 3 期。

42. 许向东：《弱势群体新闻报道的价值取向分析》，《国际新闻界》2006 年第 8 期。

43. 王学俭、张哲：《论新媒体背景下马克思主义的有效传播》，《兰州大学学报》2012 年第 1 期。

44. 魏建国：《新媒体时代马克思主义意识形态话语权的建构》，《理论月刊》2014 年第 2 期。

45. 张治银：《马克思主义大众化研究综述》，《昆明理工大学学报》（社会科学版）2009 年第 2 期。

46. 周小华：《论新媒体技术环境中的马克思主义传播创新》，《湖北行政学院学报》2011 年第 1 期。

47. 中共江苏省委宣传部课题组、刘德海、王建润：《马克思主义大众化的科学内涵、历史经验及其当代实践路径》，《南京大学学报》

2011 年第 4 期。

48. 朱成利：《新媒体语境下马克思主义大众化传播契机与对策》，《辽宁师范大学学报》2015 年第 5 期。

49. 郑杭生：《学术话语权与中国社会学发展》，《中国社会科学》2011 年第 2 期。

50. 赵云泽、付冰清：《当下中国网络话语权的社会阶层结构分析》，《国际新闻界》2010 年第 5 期。

51. 赵文晶、韩颖：《多维视野下民生新闻价值取向研究》，《国际新闻界》2011 年第 11 期。

（二）学位论文

1. 卜叶蕾：《马克思主义大众化的思想政治工作路径研究》，博士学位论文，中共中央党校，2014 年。

2. 蔡海龙《传媒生态视阈下的电视新闻叙事研究》，博士学位论文，中国传媒大学，2008 年。

3. 杜佳：《社会化媒体环境下公民政治认同教育研究》，博士学位论文，中国矿业大学，2015 年。

4. 高建华：《互联网时代我国意识形态面临的机遇与挑战研究》，博士学位论文，南开大学，2012 年。

5. 郜付见：《当代中国意识形态建设研究》，博士学位论文，中共中央党校，2012 年。

6. 葛传根：《中共早期宣传工作研究（1921—1927）》，博士学位论文，中共中央党校，2012 年。

7. 高奇：《马克思主义大众化内在矛盾及其转化机制研究》，博士学位论文，山东大学，2015 年。

8. 韩健鹏：《当代西方意识形态新变化对中国意识形态安全的影响与对策》，博士学位论文，吉林大学，2012 年。

9. 黄志斌：《新媒体背景下的中国共产党文化领导权研究》，博士学位论文，福建师范大学，2015 年。

10. 刘丽芳：《微博客的传播特征与传播效果研究》，硕士学位论文，浙江大学，2010 年。

11. 李莹：《五四运动时期马克思主义大众化传播问题研究》，硕士学位论文，长安大学，2010 年。

12. 李建柱：《当代中国马克思主义传播主体研究》，硕士学位论文，山东大学，2011 年。

13. 梁小军：《中央苏区马克思主义大众化及其当代启示（1929.1—1934.10）》，博士学位论文，福建师范大学，2014 年。

14. 马涛：《当代中国马克思主义大众化机制研究》，硕士学位论文，河南大学，2010 年。

15. 马烨：《大学生对于手机媒体的使用与满足分析》，硕士学位论文，中国青年政治学院，2011 年。

16. 南长森：《西北少数民族地区新闻传播与国家认同研究》，博士学位论文，武汉大学，2012 年。

17. 申文杰：《马克思主义意识形态政治功能及实现形式研究》，博士学位论文，河北师范大学，2012 年。

18. 陶韶菁：《新媒体环境下马克思主义党报传播研究》，博士学位论文，华南理工大学，2015 年。

19. 彭学宝：《建国初期中共肃清外国在华文化势力研究》，博士学位论文，中共中央党校，2013 年。

20. 谭可可：《马克思主义大众化网络传播研究》，博士学位论文，湘潭大学，2015 年。

21. 齐仁庆：《中国文化产业发展的价值取向问题研究》，博士学位论文，东北师范大学，2012 年。

22. 乔丽英：《大众媒体传播价值观念的机制研究》，硕士学位论文，北京师范大学，2004 年。

23. 王璜：《马克思主义大众化传播研究——基于传播学的视域》，博士学位论文，扬州大学，2015 年。

24. 王颀：《新媒体的发展趋势及其对价值观的影响》，博士学位论文，复旦大学，2013 年。

25. 王莹：《马克思主义大众化传播方式研究》，硕士学位论文，河南工业大学，2010 年。

26. 王利民：《晋察冀边区党的新闻宣传研究》，博士学位论文，河北大学，2014 年。

27. 伍顺比:《历史·现状·策略——我国西部高校新闻传播人才培养研究》,博士学位论文,西南大学,2013 年。

28. 熊德:《中国新闻电视媒体跨国传播能力研究——以 CNC 为例》,博士学位论文,武汉理工大学,2012 年。

29. 谢成宇:《当前我国社会思潮与国家意识形态安全研究》,博士学位论文,华中师范大学,2014 年。

30. 易如:《"马克思主义":从符号到大众化——传播的视角》,博士学位论文,复旦大学,2009 年。

31. 易强:《列宁灌输理论视阈下当代革命军人核心价值观培育》,博士学位论文,中南大学,2013 年。

32. 杨安:《新媒体视域下中国共产党密切党群关系研究》,博士学位论文,兰州大学,2015 年。

33. 赵敏:《新媒体传播背景下当代中国新型社会伦理构建》,博士学位论文,山东大学,2011 年。

34. 赵兴伟:《当代中国意识形态安全问题研究》,博士学位论文,辽宁大学,2012 年。

35. 张志安:《编辑部场域中的新闻生产——〈南方都市报〉个案研究(1995—2005)》,博士学位论文,复旦大学,2005 年。

36. 张晓峰:《新闻职业精神论》,博士学位论文,复旦大学,2008 年。

37. 张弛:《新媒体背景下中国公民政治参与问题研究》,博士学位论文,吉林大学,2015 年。

38. 郑波:《论毛泽东对马克思主义大众化的历史贡献》,硕士学位论文,湘潭大学,2010 年。

三 网络资料

1.《关于当前马克思主义大众化传播问题的调查思考》,光明网 2011. 2. 22. http：//epaper. gmw. cn/gmrb/html/2011 - 02/22/nw. D110000gmrb_ 20110222_ 1-15.htm？div=-1。

2.胡锦涛:《领导干部要重视学网络知识》,http：//it. sohu. com/ 20070124/n247819055.shtml。

3.新媒体研究专家屈辰晨博客，http：//blog.163.coxnldigpub@126/blog/static/9080065020086715249206。

4.中国文化传媒网，网络时代大众阅读习惯趋势，2008年09月12日。

5.万方数据库：《中国信息化趋势报告系列》，http：//d.wanfangdata.com.cn/Periodical/zgxxj200520005.

6.中华人民共和国国家互联网信息办公室：《中国信息化白皮书》，http：//www.cac.gov.cn/bps.htm.

7.中共中央办公厅、国务院办公厅：《2006—2020年国家信息化发展战略》，http：//www.cnii.com.cn/2005 0801 /ca3 5 0966.Htm.

8.央视网：《人们说2013就是爱你一生，2014是爱你一世。〈新闻联播〉和你一起，传承一生一世的爱和正能量》，http：//news.cntv.cn/2014/01/02/VIDE1388658967103377.shtml。

9.中国互联网络信息中心：《第38次中国互联网络发展状况统计报告》，http：//www.cnnic.net.cn/hlwfzyj/hlwxzbg/hlwtjbg/201608/P02016-0803367337470363.pdf。

10.中国互联网络信息中心：《2015年中国网民搜索行为调查报告》，http：//www.cnnic.net.cn/hlwfzyj/hlwxzbg/ssbg/201607/P02016072-6510595928401.pdf。

11.中国互联网络信息中心：《2014—2015年中国手机游戏用户调研报告》，http：//www.cnnic.net.cn/hlwfzyj/hlwxzbg/wybg/201601/P020160105430794926978.pdfhttp：//www.cnnic.net.cn/hlwfzyj/hlwxzbg/wybg/201601/P020160105430794926978.pdf。

12.中国互联网络信息中心：《2014年中国青少年上网行为研究报告》，http：//www.cnnic.net.cn/hlwfzyj/hlwxzbg/qsnbg/201506/P020150-603434893070975.pdf。

13.中国互联网络信息中心：《2015年中国社交应用用户行为研究报告》，http：//www.cnnic.net.cn/hlwfzyj/hlwxzbg/sqbg/201604/P020160722551429454480.pdf。

14.中国政府网新浪微博，http：//weibo.com/zhengfu? refer_ flag = 1001030101_ 。

15.共青团中央新浪微博，http：//weibo.com/u/3937348351。

四 外文资料

1.Byung-Young and Dae-Joon Hwang，Adapting Education to the Information Age，Ministry of Education&Human Resources Development December 30，2004，http：//www.keris.or.kr/data/2005 b_ 4.

2. Duska Rosenberg and Keith Devlin，Information based Model for Knowledge Management http：//www. Stanford. edu/} kdevlin/Information-Models4KM.

3.Giordano，Gerard，Twentieth-Century Textbook Wars，New York：p. lang，2003.

4. Guobing Yang，The Internet and the Rise of a Transnational Chinesecultural sophere，Media Culture and Society，Vol.25.

5. Heather Saviguy，Public Opinion，Political Communication and TheInternet.2002 Vol 22（1）.

6. George A. Huaco，On Ideology. Acta Sociologica，Vol. 14，No. 4（1971），pp.245-255.

7.Gillion.Surveillance，privacy and the law，Employee drug testing and the politics of social control.University of Michigan Press，1994.

8.Herbert N.Foerstel，Refuge of a Scoundrel：the Patriot Acti in Uraries［M］. Libraries Unlimities，2004.

9.Jack Goldsmith and Tim Wu，Who Controls the Internet.Oxford University Press，2008

10.Ian Walden and John Angel.Telecommunication Law and Regulation［M］. Blackstone Press，2002.

11. International Encyclopaedia of Laws—Cyber Law，Wolters Kluwer Law & Business，2001.

12.John B.Thompson.Ideology and Modern Era of Mass Communication. Cambridge：Culture：Critical Social Theory in the Polity Press，199035.

13.James Brook.Resisting the Virtual Life，The Culture and Politics of Inforniation.City Lights Books，1995.

14. John Gillion. Surveillance, privacy and the law: Employee drug testing and the politics of social control. University of Michigan Press, 1994.

15. John Hall. Civil Socity, Theory, History, Comparison, Harvard University Press, 1995.

16. John Wadham. Human Rights and Privacy-The Balance [A]. Daniel Solove. Information Privacy Law, Wolters Kluwer Law & Business, 2011.

17. Joseph Bensman and Robert Lilienfeld. Between public and private: lost boundaries of the self, Press, 1979.

18. Kenneth Burke, Rhetoric and Ideology, London and New York: Routledge, 1993.

19. Lee Artz. Steve Macek. Dana Cloud. Marxism and communicationstudies: the point is to change it. New York: P. Lang. c2006

20. Louis Alvin Day. Ethics in Media Communications Cases and Controversies. Group, 2003.

21. Robert G. Wesson, Soviet Ideology, The Necessity of Marxism, Soviet Studies, Vol.21, No.1 (Jul., 1969), pp.64-70.

22. Shawn Tower, Living With An Internal Other-An Extended Review of Psychoanalysis, Identity AndIdeology. Psychotherapy and Politics International, 3 (1) 35-46, 2005.

23. Willhelm, Anthony G. Democracy in the Digital Age: Challenges to Political Life in Cyberspace, New York: Routledge, 2000.

24. Woodrow Hartzog. The Fight to Frame Privacy, Michigan Law Review. 2013, 111: 1021.

25. Zizi Papacharissi, the Virtual sphere, The Internet as a public sphere. New Media & Society, 2005.